KB268169

당신이 **취업**에 **실패한 33가지** 이유

그 누구도
알려주지 않았던

당신이
취업에
실패한
33
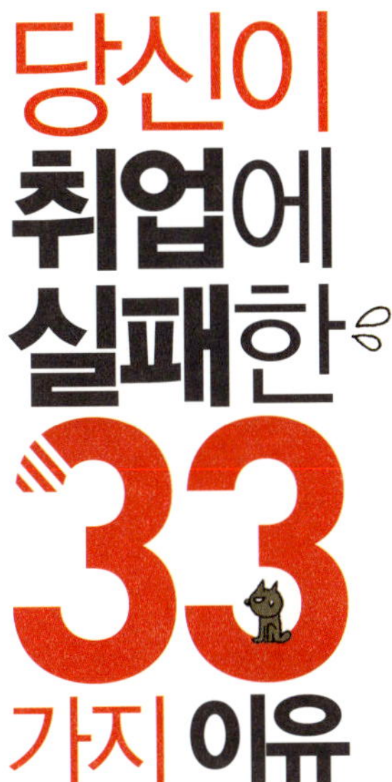
가지 이유

| 김세준 지음 |

도대체 **나는 왜 자꾸**
탈락하는 것일까?

.
.
.

취업 경쟁률이 날이 갈수록 높아지고 있습니다. 경제는 나아진다고는 하지만 취업을 준비하는 사람들에게는 먼 나라 이야기 같습니다. 취업 경쟁에 대해 굳이 통계자료 등은 인용하지 않겠습니다. 보아봤자 스트레스만 가중시킬 뿐이기 때문입니다.

저는 대기업 인사팀 출신으로 현재 전국을 돌아다니며 학생들 앞에서 취업 특강을 진행하고 있고, 취업 캠프에서 취업 준비생들과 함께 숙식하면서 이들의 취업을 돕고 있는 사람입니다. 더불어 취업에 실패해 재도전하려는 분들과도 적극적인 소통을 해나가고 있습니다.

요즘 취업은 수차례의 탈락을 경험하는 것이 기본이라고 합니다. 탈락 횟수가 늘어갈수록 이들의 가슴에는 피멍이 들고 있습니다. 그러나 정작 자신이 왜 탈락하는지 이유를 전혀 모르는 경우가 많습니다. 이유만 알면 모든 것이 해결될 텐데, 그 이유를 모르니 또 다른 실패는 당연한 결과입니다.

명문대학 경영학과 출신에, 평균 학점 4.3을 기록하고, 토익은 950점을, 여러 가지 자격증을 자랑하고 있는 K 군은 서류전형에서만 세 번이나 떨어지고 나서는 갈피를 못 잡고 있습니다. 남들이 선망할 만큼 국내 최고의 스펙을 가졌기 때문에 원하는 기업에 철썩 붙을 것이라던 확신은 갈기갈기 찢어졌습니다. 역시 명문 사립대학 영문과 출신의 P 양은 요즘 잠이 오지 않습니다. K 군과 마찬가지로 화려한 스펙을 자랑하지만 벌써 다섯 번이나 면접에서 고배를 마셨습니다.

지방에 있는 사립대학 출신의 S 군은 취업률도 낮은데다가 학교 이미지도 저평가되고 있어서, 이를 상쇄하기 위해 대학교 1학년 때부터 취업 준비에 나서서 남부럽지 않은 스펙을 쌓아왔습니다. 그러나 지금까지 열 번이 넘는 탈락을 경험하면서, 또 어떤 스펙을 쌓아야 하는지 고민이 많습니다. 아무리 생각해도 더 쌓아야 할 스펙은 없는 것 같습니다. "역시 지방대는 안 되는가?"라는 생각에 우울증에 빠지기 일보 직전입니다.

자! 여러분은 어떻습니까? 분명히 남들보다 치열하게 살아오면서 취업 준비를 해왔는데, 탈락하지 않을 것이라는 자신감에 차 있었는데, 청년실업은 자신과는 아무런 관련이 없을 것이라는 확신 속에서 살아왔는데, 어이가 없게도 수차례의 탈락을 경험하고 계시지는 않으십니까?

탈락도 탈락이지만, 도대체 왜 탈락을 했는지 아무리 생각해도 이해가 가지 않는 경험을 하고 계시지는 않으십니까? 자신을 탈락시킨 기업에 당장에라도 달려가서 탈락의 이유를 알려달라고 하고 싶었던 경험은 없으셨습니까? 주위에 물어봐도 "글쎄… 네가 탈락을 하다니 참 의외다"라는 답변만 듣고는 답답해하신 경험이 없으셨습니까?

취업에 실패하는 데는 분명히 이유가 있습니다. 그 이유는 개개인별로 다 다릅니다. 지방대학 출신이라고 해서, 스펙이 낮다고 해서 무조건 탈락하는 것은 아닙니다. 명문대학 출신이라고 해서, 인기학과라고 해서, 스펙이 높다고 해서 무조건 합격하는 것은 아닙니다.

자신의 문제를 파악하지 못하면 스펙에 상관없이 탈락합니다.

탈락의 이유를 듣고 무릎을 탁 쳤습니다.
그리고 취업에 성공하였습니다.

┃ 지방 사립대학 인문계열 출신에, 스물여덟 살의 나이, 졸업한지 벌써 2년째로 평범한 영어 점수와 이렇다 할 자격증이 없는, 그래서 수차례 탈락을 계속하던 P 군이 있습니다. 작년 봄 필자로부터 탈락의 이유를 듣고 무릎을 탁 쳤습니다. 그러고는 국내 최대의 출판사 영

업관리직에 합격하였습니다. 그것도 단 한 명 뽑는 신입사원 채용에서… 경쟁률은 무려 700대 1이었습니다.

취업 삼수생인 J 양은 명문 여대를 졸업했습니다. 서류전형은 쉽게 합격을 하는데, 꼭 프레젠테이션면접에서 번번이 탈락했습니다. 작년 여름 필자와 만났습니다. 프레젠테이션 모의면접을 진행하면서 문제가 된 부분들을 일일이 짚어 주었습니다. 국내 최대 홈쇼핑사 중 하나인 C 사의 최종 프레젠테이션면접에서 당당히 합격하였습니다. 채용인원? 단 한 명이었습니다.

어렸을 때부터 어려운 가정환경에서 자란 C 군. 대학 내내 아르바이트하느라 학점은 낮고, 변변한 동아리활동이나 외국여행 한 번 해 본 적 없었습니다. 영어 점수는 당연히 낮았습니다. 필자를 만날 당시 2년째 취업을 못하고 있는 상황. 주위의 그 누구도 C 군이 합격하리라고 예상하는 이는 단 한 명도 없을 정도로 자신감은 이미 없어진지 오랩니다. 탈락 이유를 정확히 짚어 주고, 처음부터 다시 취업 준비를 시켰습니다. 그 결과는 누구나 선망하는 대기업에 당당히 합격하여, 지금은 대리가 되어 있고, 어여쁜 아내와 두 아들과 함께 오순도순 살고 있습니다.

K 군은 안정적이라는 이유로 대기업만을 고집하던 생각을 바꿔 중견기업에 들어갔고, 학교 동기들보다 일찍 팀장의 자리에 올랐습니다. 현재는 세계 각국을 돌아다니면서 회사 성장에 크게 이바지하면서 본인 스스로 너무나도 만족스럽고 행복한 나날들을 보내고 있

습니다. K 군은 대기업에 들어가지 않은 것이 천만다행이라고 생각하고 있습니다.

이들이 부러우십니까?

탈락 이유가 낱낱이 공개됩니다.

| 이제 제가 속 시원한 이유를 낱낱이 공개하고자 합니다. 특히 기업의 입장에서, 기업에서 서류전형을 담당하는 사람으로서, 면접장 책상에 앉아 있는 면접관으로서 탈락시킬 수밖에 없었던 이유를 중점적으로 알려 드리고자 합니다.

취업 준비에 바쁘시겠지만 잠시 저의 목소리에 귀를 기울여주시기 바랍니다. 그리고 자신이 탈락할 수밖에 없었던 이유를 정확하게 깨달은 후, 거기에 맞는 취업 전략을 새롭게 짜주시기 바랍니다. 이제 시작합니다.

2011년 9월,
김세준

· 차례 ·

1 첫 단추를 잘못 끼웠다 |입문 편|

2 최고의 스펙은 슈퍼맨이다? |서류전형 편|

3 섣불리 독이 든 성배를 들었다? |면접전형 편|

산은 산이요
물은 ○○ 정수기라…
푸하하하
나가!
자원자들
산수그룹

1

첫 **단추**를 **잘못** 끼웠다

너무 **좁은 문을**
선택하였다

·

·

·

취업을 준비하는 사람들의 머릿속에는 한결같은 목표가 새겨져 있다.

삼성, 현대, SK 같은, NHN 같은 IT 기업, 은행, 증권사, 공기업……. 대다수 취업 준비생은 이들을 통칭하여 대기업이라 여기는 곳에 입사하기를 바라고 있다.

명문대학이든, 비명문대학이든, 수도권 소재 대학이든, 지방대학이든, 큰 대학이든, 작은 대학이든 그것은 중요하지 않다. 취업 캠프에서 만나는 학생들이나 졸업을 하고 따로 취업 준비를 하는 사람들이나 한결같이 말한다. 그들의 목표는 오로지 대기업에 합격하는 것이라고.

　문제는 목표로 하는 곳에서 매년 풍족한 일자리들이 폭포수처럼
쏟아져서 이들을 모두 데려가기만 한다면 얼마나 좋으련만, 이들의
앞에 놓인 현실은 다음의 그림과 같다.

엄청나게 큰 배 앞에 샐 수도 없을 만큼 많은 젊은이가 몰려 있다. 안타깝게도 이들 중 아주 소수만이 저 배에 오를 수 있다. 이들은 저마다 배를 탈 자격이 있다고 하면서 서로 치열하게 경쟁을 하고 있다. 배에 오르지 못한 사람들은 또 다른 배가 올 때까지 기다려야만 한다. 시간이 지나면 또 다른 엄청난 인파가 이들에게 합세한다. 배에 오르기 위한 치열한 경쟁은 끝날 줄을 모른다.

한 번, 두 번, 세 번… 배에 오르는 기회를 놓치는 횟수가 많아질수록 사람들의 불안감은 커지기만 한다. 때로는 턱없이 부족한 탑승 기회에 대해 불평을 늘어놓기도 한다. 그러나 그러한 불안감이나 불평은 아무런 도움이 되질 않는다. 결국 이다음에 들어올 배에는 반드시 올라타리라는 처절한 각오를 다지면서, 또 다른 준비에 돌입해야 한다. 서른 번도 넘게 실패를 하는 사람들도 부지기수이다.

굳이 설명하지 않더라도 그림에 나오는 저 거대한 배는 대기업이고, 저 배에 오른다는 것은 대기업 취업에 성공하는 것이라는 것쯤은 잘 알고 있을 것이다. 그렇다면 이들은 대기업 채용전형을 위한 자기소개서나 면접에서 뭐라고 쓰고 뭐라고 말할까?

- 뽑아만 주시면 청춘을 다 바쳐 일하겠다.
- 아무리 어려운 일이 있어도 참아낼 것이며, 당연히 그럴 자신이 있다.
- 아무리 시시한 일을 주더라도 온 힘을 다하겠다.

- 자신의 성장을 위해서라면 어떠한 스트레스도 다 견뎌내겠다.

- 항상 긍정적이라서 아무리 큰 스트레스라도 잘 이겨낸다.

- 고시나 상위 학교에 진학하는 공부에 대한 미련은 완전히 버렸다.

- 상사에게 자신을 맞추겠다.

- 야근이 아무리 많아도 즐겁게 일하겠다.

- 개인생활을 희생해가면서 일을 하는 것은 젊음의 특권이다.

- 젊을 때 고생은 사서도 한다.

- 일이 중요하지 급여나 복리후생은 중요하지 않다.

- 제 능력을 완전하게 보여 드릴 때까지 월급을 주지 않으셔도 된다.

- 스스로 열심히 해서 급여를 올리겠다.

- 정리해고는 기업의 생산성을 높이기 위한 불가피한 선택임을 충분히 이해한다.

- 창업은 꿈에도 꾼 적이 없다.

- 창업은 기업에서 충분히 배운 후 해도 늦지 않을 것이다.

- 아프리카 오지에서라도 일할 각오가 되어 있다.

- 귀사라면 지구 어느 곳에서라도 상관없다.

- 오로지 귀사에 입사하는 것만을 꿈꿔왔고, 계속 탈락해도 또다시 도전할 것이다.

실제로 면접장에 면접관으로 참석해보면 백이면 백 모두 다 이런 답변들을 한다. 면접관들은 지원자들이 쏟아내는 엄청난 말들 때문에 정신이 없을 때가 잦다. 그러나 마냥 기뻐할 수만은 없다. 왜냐하면 이들이 진심으로 이런 말을 하는지 확신이 서지 않기 때문이다. 물론 진심으로 말하는 사람들도 많겠지만, 경험상 이러한 말들이 본의에 의해서든 환경에 의해서든 거짓으로 판명되는 경우가 많다.

대기업의 인사 담당자들을 가장 당혹스럽게 만드는 것은 신입사원으로 뽑힌 사람들이 얼마 지나지 않아 그만둔다는 것이다. 지금은 금방 그만두는 사람들을 알아채기 위해 부단한 노력을 한 결과, 그 비율은 많이 줄어들고는 있지만 여전히 기업에는 심각한 문제이다.

그럼에도 최근 뉴스에 의하면 2009년에 채용한 신입사원의 입사 1년 이내 퇴사 비율에서 대기업은 13.9퍼센트라는 높은 수치를 기록하고 있다. 여기에 한 가지 더 고려해야 하는 사항이 있다.

그만두고는 싶지만 특별한 대안이 없어서 어쩔 수 없이 다니는 사람들도 상당하다는 것인데, 이 또한 기업들에는 커다란 고민이다. 이들의 숫자까지 합치면, 1년도 안 되어 마음이 떠난 사람이 최소 30퍼센트가 된다는 것이 대기업 인사 담당자들의 생각이다.

과연 이들은 왜 그토록 어려운 대기업 채용전형에 합격했으면서도 금방 그만두거나, 그만두고 싶어하거나, 어쩔 수 없이 다니고 있을까? 실제로 이들이 하는 말들을 들어보자.

• 제가 생각했던 것과는 너무나도 달라요. 배우는 것도 많지 않

아요.

- 하는 일이 고작 복사나 하고 팩스나 보내는 것이었어요. 등록금
  이 아까워요.

- 조직생활에 적응하지 못하겠어요.

- 스트레스가 생각보다 많아요.

- 너무나도 큰 조직이다 보니 저 스스로 아주 조그만 부속품처럼
  느껴졌어요.

- 고시공부에 대한 미련을 버리지 못하겠어요.

- 아무래도 전공을 더 공부해서 교수와 같은 안정적인 자리를 찾
  는 것이 더 좋을 듯해요.

- 창업하려고요.

- 상사들이 해고되는 것을 보니까 저의 미래도 보장받지 못할 것
  이라는 두려움이 엄습했어요.

- 상사랑 너무 안 맞아요.

- 야근이 너무 많아서 개인생활이 없어요.

- 실제로 하는 일에 비해서 급여가 적어요.

- 타지에서 생활하는 것이 너무 힘들어요.

능력을 인정받을 때까지 급여를 안 받아도 되고, 지구 어느 곳이라
도 회사에서 가라고만 하면 기꺼이 갈 준비가 되어 있고, 청춘을 바
쳐 뼈를 깎는 고통도 견뎌내겠다던 사람들이 어떻게 저런 사소한 사

유들로 회사를 떠난다고 하는가?

대기업 계열사인 D 사에서 근무하는 어느 팀장의 말을 들어보자.

"신입사원이 우리 팀에 배치되고 나서 얼마 되지 않았을 때의 일이에요. 퇴근시간이 다 지났는데 신입사원 혼자 사무실에 남아서 뭔가를 열심히 하고 있더라고요. 저를 보자마자 화들짝 놀라면서 화면을 가리는데, 공무원 시험공부를 하고 있었어요. 상담을 해보니 공무원시험을 하다가 경제상황이 어려워서 일단 취업을 한 것이고, 1년 정도 모은 돈으로 본격적으로 시험준비를 하려고 한다는 것이었어요. 저는 이 직원의 마음이 애초부터 회사에서 떠났다는 것을 알았지만, 온 정성을 쏟아서 잡으려고 노력을 했어요. 워낙 금방 그만두는 사람들이 많다 보니까 회사에서 팀장들에게 인사상 불이익을 주겠다는 엄포까지 놓았기 때문이기도 했지만… 그만두면 스스로 얼마나 손해일까 하는 생각에 잡았어요. 그렇게 1년은 넘겼지만 결국 그만두더라고요. 이제부터는 공무원시험이나 고시공부하던 사람은 되도록 뽑지 않을 생각입니다."

위 사례만 보아도 필자가 무슨 말을 하려는지 잘 알 것이다. 입사해도 금방 그만두는 사람들은 애초부터 시작이 잘못되었다. 대기업이 어떤 곳인지, 대기업에서 원하는 인재상은 무엇인지, 본인은 그 인재상에 잘 맞는지, 직장생활은 어떤지, 지원하고자 하는 기업은 어떤 고민을 하고 있는지 등을 알아보지도 않고, 알아봤다고 하더라도 일단 붙고나 보자는 심정이었을 가능성이 매우 크다. 특히 자신의 인생 전체를 놓고 취업을 하는 것이 어떤 의미가 있으며, 취업을 통해 이루고자 하는 인생의 목표가 무엇인지조차 설정하지 않은 채 덤벼들었을 것이다.

당신은 과연 어떤 사람인가? 명확한 목표가 있어서 취업하려고 하는가? 특히 대기업이 어떤 곳이고, 얼마나 치열한 전쟁을 벌이고 있으며, 거기에 이바지할 수 있는 면이 얼마나 있는지 고민한 적이 있는가? 지원하고자 하는 기업에 대해 얼마나 알고 지원을 하려 하는가? 본인은 선두기업에 맞는 사람인가? 아니면 후발기업과 맞는 사람인가? 취업이 아닌 다른 준비, 즉 고시, 공무원시험, 진학, 창업 등을 준비하고 있었다고 한다면 거기에 대한 미련을 완전히 버렸는가?

여기에 대한 명확한 답이 없다면 절대로 취업이라는 꿈을 꾸지 말기를 바란다. 그것은 탈락으로 가는 지름길이기 때문이다.

대기업에 취업하기 위해서는 평균 수십 대 일, 많게는 1백 대 일이 넘는 경쟁을 뛰어넘어야 한다. 1백 대 일의 경쟁률이 의미하는 바를 살펴보자. 1백 명을 뽑는다면 무려 아흔아홉 명이 떨어지는 어마어마한 게임이다. 기업에서 능력을 펼치기 위해 대학교 1학년 때부터 준비를 하고, 대기업에서 전문 경영인으로 성장하고자 하는 인생 목표가 뚜렷하며, 그 누구보다도 일을 잘할 자신이 있다는 열망이 하늘 끝까지 닿는 사람조차도 살아남기 어려운 그런 무시무시한 경쟁이다. 한마디로 좁은 문이다. 그냥 좁은 문이 아니라 이 세상 그 어떤 좁은 문보다도 좁은 문, 그야말로 '좁은 문의 종결자'라고 할 수 있다.

그런데 단지 안정을 찾기 위해서라든가, 따로 준비하는 것이 있는데 쉽지 않을 거 같아 일단 취업을 하고자 한다든가, 어떤 일이 자신에게 맞는지에 대한 고민 없이 일단 붙고나 보자는 생각이든가, 대기업 취업만이 살길이라는 단순한 생각을 하고 있다든가, 누구나 대기업 취업 준비를 하니까 본인도 해야만 한다는 등의 생각만을 가지고 이토록 치열한 경쟁에 뛰어들고자 하는가?

만일 그렇다면 지금이라도 대기업 취업은 단념하기 바란다.

설령 운이 좋아서 합격했다고 하더라도, 적응하지 못하고 금방 그만둘 수밖에 없다. 그만큼 대기업에서의 직장생활은 생각보다 힘들다. 명확한 명분과 목표가 있는 사람들만이 적응할 수 있는 그런 곳이기 때문이다. 명분과 목표가 있는 사람들조차 단단한 껍질을 부수고 환골탈태하고자 하는 강한 의지가 없다면 결코 버티기 어려운 곳이 바로 대기업이기 때문이다.

흙 속에 파묻혀 있는 진주를 알아보지 못했다

·

·

·

다음 그림은 앞의 그림을 먼 곳에서 바라본 것이다. 바닷가에는 거대한 배만 있는 것이 아니다. 주위에는 중간 크기의 배도 있고, 아주 작은 배도 있다. 거대하긴 하지만 낡고 고장이 잦은 배도 있다. 이들 모두 바다를 건널 수 있는 것들이다. 게다가 그 수도 엄청나게 많다. 그러나 유독 거대하고 완벽한 배 주위에만 사람들이 몰려 있다. 왜 그럴까?

거대한 배의 주위에 몰려든 사람들은 대부분 '안정'을 말한다. 안전하게 망망대해를 건너고 싶다는 것이다.

- 요즘 고용불안이 심각한데, 큰 기업에서 일해야 좀더 오래 일할 것 같아서요.
- 중소기업은 왠지 불안해요.
- 공기업은 하는 일에 비해 급여를 많이 받고, 정년이 보장되는 신의 직장이잖아요.
- 대기업은 복리후생도 좋고, 급여도 높고, 안정적이니까요.
- 대기업 중에서도 1등 기업이나 재무 안정성이 높은 곳을 지원하려고요. 아무리 대기업이라도 몇 년째 적자인 곳은 불안해서 다니기가 좀 그렇잖아요.

여기에 나온 말들은 필자가 취업 준비생을 만났을 때 직접 들었던 말들이다. 충분히 공감이 간다. 사람은 누구나 안정을 찾게 되어 있다. 게다가 거친 파도와 상어 떼들이 득시글거리는 망망대해를 건너야 하는데 그 누가 크고 안전한 배를 타려고 하지 않겠는가? 당연히 대기업 특히 계속해서 흑자를 내는 대기업 계열사들의 경쟁률은 해가 갈수록 높아질 수밖에 없다. 반대로 대기업들 가운데 어려움을 겪고 있는 곳이거나 중견기업, 중소기업, 벤처기업 등은 취업 준비생들에게 상대적으로 외면을 받고 있다.

그러나 현재는 불안정해 보이는 이들 기업에 당신의 미래가 달렸다고 한다면 어떻게 할 것인가? 이들이 당신의 꿈을 펼치는데 최고의 터전이라고 하면 믿을 것인가? 아직도 고개가 갸우뚱거려진다면 다음에 나오는 두 기업의 사례를 통해 고민해 보기 바란다.

❙ 기아자동차

"기아자동차요? 아이고… 거기 몇 년째 적자인 기업이잖아요?"

"그래도 재무상황이 점차 좋아지고 있고, 작년 말에는 영업이익이 흑자로 전환되었어요."

"그러면 뭐해요? 특별히 베스트셀링 카도 없고, 그렇다고 SM이나 소나타 같은 차가 나온다는 보장도 없고… 흑자라고 해봐야 얼마 되지도 않고요. 망할 수도 있다는 소문까지 돌던데요. 그런 곳을 왜 지원해요?"

2009년 봄 취업 준비생 한 명이 필자를 찾아왔다. 자동차관련 공학과 출신으로 현대자동차나 르노삼성자동차 입사를 희망했다. 상담 중 필자가 "기아자동차도 있는데…"라는 말이 나오기가 무섭게 취업 준비생에게서 들려온 말이었다.

그 당시 기아자동차의 상황을 현대자동차와 비교하여 살펴보면 다음과 같다.

구분	2006년 12월		2007년 12월		2008년 12월	
	매출액	영업이익	매출액	영업이익	매출액	영업이익
현대자동차	636,480.2	17,966.9	696,015.2	28,480.2	797,363.5	30,720.4
기아자동차	198,146.9	-3,652.3	203,120.0	-579.2	222,176.6	6.6
격차	438,333.3	21,619.2	492,895.2	29,059.4	575,186.9	30,713.8

표 1 | 2006년~2008년, 현대자동차와 기아자동차 매출 및 영업이익 차이 (단위: 억 원)

3개년간 실적만을 놓고 보면, 기아자동차는 현대자동차에 한참 못 미친다. 게다가 2년 연속 영업이익상 상당한 액수의 적자를 기록하였고 2008년 흑자를 기록하긴 했지만, 대기업에다가 자동차회사라는 명성에 걸맞지 않게 6억 6천만 원밖에 달성하지 못했다. 지원자들이 기업의 미래에 확신하지 못한 것은 어쩌면 당연한 일이었을 지도 모른다.

그러던 어느 날 기아자동차는 '디자인 기아'를 선언한다. 차를 예쁘게 만들겠다는 것이다. 외국에서 수석 디자이너를 수억 원의 연봉을 주고 데려온다는 기사도 실렸다. 회사도 어려운데 수억 원의 연봉을 들여 디자이너를 데려온다는 것 자체가 어불성설이라는 평가도 받았다. 주위에서도 이를 강하게 만류한다는 소식도 들렸다. 얼마 지나지 않아 아우디AUDI와 폴크스바겐Volkswagen에서 디자인을 맡았던 피터 슈라이어Peter Schreyer를 디자인 총괄 책임자로 영입했다는 뉴스가 들려왔다. '호박에 줄 긋는다고 수박 되냐?'라는 혹평도 감내해가면서 끊임없이 '디자인 기아'라는 광고가 쏟아져 나왔다. 그리고 이후의 결과는 이미 다 알고 있지 않은가?

포르테를 시작으로 소울, K5, K7이 연달아 시장에 등장했다. 냉소적인 평가는 꼬리를 내리고, 온통 찬사 일색이었다. K5를 사려면 몇 개월을 기다려야 했다. 고객들이 조금이라도 더 빨리 K5를 타고 싶어서 영업사원들에게 하소연하는 모습도 보였다. K5는 중고차 값이 더 비싸다는 소문까지 등장했다. 지금도 새 차를 타려면 몇 개월을 기다려야 한다. K9이 나온다는 뉴스에 경쟁사들은 긴장하고 있다.

구분	2008년 12월	2009년 12월	2010년 12월
매출액	222,176.6	294,452.1	422,903.4
영업이익	6.6	11,952.0	28,361.0

표2 ▎ 2008년~2010년, 기아자동차의 매출 및 영업이익 (단위: 억 원)

기아자동차는 2008년 말보다 2010년 말의 매출액이 거의 두 배 가까이 뛰었고, 영업이익은 무려 43만 퍼센트나 성장하였다. 현대자동차는 2009년 말 대비 2010년 말 매출액은 23.1퍼센트, 영업이익은 62.23퍼센트 증가하였지만, 기아자동차는 같은 기간 매출액 43.62퍼센트, 영업이익 137.29퍼센트나 증가하였다.

주가를 살펴보자. 2009년 1월 현대자동차 주가는 41,700원에서 2011년 최고 257,000원으로 516퍼센트 증가하는 사이, 기아자동차 주가는 같은 기간 7,000원에서 최고 84,600원으로 무려 1,100퍼센트를 기록하는 폭발적인 성장세를 보여주었다.

이처럼 당시 실적만으로 기업의 모든 것을 판단해서는 안 된다. 투자하는 사람의 처지라면 투자를 하려는 시점이 매우 중요하겠지만, 취업하려는 사람으로서는 현재 실적보다는 미래 가능성을 기준으로 기업을 바라보아야 한다. 특히 적자가 아무리 많이 누적되어 있고 당장 재정적인 어려움에 부닥쳐 있지만, 주위로부터 "그게 되겠어? 말도 안 돼"라는 평가를 들으면서도 묵묵히 목표를 향해 달려가는 기업이라면 젊음을 바쳐 함께 성장할 수 있는 곳이 될 가능성이 크다. 이런 기업을 발견해내고, 한배를 탈 기회를 얻는 것은 가히 진흙 속에 파묻혀 있는 진주를 찾아내는 일과도 같은 것이다.

기아자동차가 어려운 상황일 때에도 미래 가능성을 보고 과감히 입사했던 사람들은 지금 어떻게 되어 있을까? 단기간에 기적과도 같은 성장을 이루는 과정을 함께 하면서 본인 자신도 엄청나게 진일보해 있을 것이다. 동시대에 사는 사람들이 경험해보고 싶어도 경험할 수 없는 역사적인 발전의 주역으로서 자신감과 자긍심을 가지고 살아가고 있을 것이다. 안정과 맞바꾼 대가로 얻은 소중한 경험은 앞으로 인생을 꾸미는데 엄청난 에너지가 되어줄 것이다.

그대는 아직도 안정만을 추구하면서 탈락의 아픔만을 되풀이하고 있는가?

| NHN

1990년대 후반부로 돌아가 보자. 당시 닷컴 열풍과 더불어 무수히 많은 포털사이트가 생겨났다. 최강은 야후Yahoo, 다음Daum이었고, 그 외 두세 개 정도를 제외하고는 고만고만한 경쟁들을 하며 겨우 명맥을 유지하고 있었다. 고만고만한 포털 중에는 '네이버Naver'도 있었다.

등장할 때부터 세간의 관심도 받지 못하고 그 이후에도 계속 고만고만한 사이트였다면, 광고 유치도 힘들었을 것이고 결과적으로 당시 회사 사정은 뻔했을 것이다. 자금 사정이 몹시 어려운 중소벤처기업 중 하나로 당장 몇 개월 앞도 내다보기 어려울 정도로 힘든 나날들이 계속되고 있었을 것이다. 직원들은 술렁이고, 불안감을 느낀 사람들은 이직을 준비하고 있었을 것이다. 다른 회사로 빠져나가는 직원들을 막을 명분도 없었을 것이다. 경영진들은 직원들 월급을 어떻게 줘야 할까를 놓고 노상 고민하고 있었을 것이다. 사무실 규모를 줄이고, 좀더 싼 임대료를 내는 곳으로 몇 번은 이사를 했을 것이다.

만일 당신이라면 이런 회사에 지원할까? 지원하려고 해도 주위에서 극구 만류할 것이다. 만일 당신이 이 회사 직원이라면 어떻게 할까? 급여가 밀려도 회사를 살리기 위해 적극적으로 나설 것인가? 아니면 다른 직장을 알아보고 있을까?

다행히도 당시의 네이버에는 회사를 살리겠다면서 두 팔을 걷어붙인 직원들이 많았다. 이들은 동료였던 사람들이 회사를 빠져나갈 때에도 눈 하나 꿈쩍하지 않았다. 회사에서 시키지도 않았는데, 직원들은 회사를 살릴 방법을 찾기 위해 스스로 모였다. 다음과 프리챌 freechal이 메일과 커뮤니티를 유료화할 때, 네이버는 무료를 유지하는 대신 다른 서비스들을 개발하기 시작하였다. 한게임과 합병을 하여 재미를 가미했고, 지식검색을 만들었다.

하지만 새로운 서비스들을 만들었다고 해서 모든 문제가 해결되는 것은 아니다. 사람들에게 이를 알려야 했다. 그러나 당시 광고비가 턱없이 부족했기 때문에 직원들은 길거리로 나서기도 했고, 언론사와 적극적인 접촉을 시도하였다. 당시 네이버 직원이었던 필자의 지인이 말한 바로는 방송국 PD들에게 셀 수 없을 만큼 거절을 당했음에도 필사적으로 매달렸다고 한다. 회사를 살리는데 자존심이고 뭐고 없었다. 그 결과 당시 MBC에서 임성훈이 진행하는 〈생방송 퀴즈가 좋다〉라는 프로그램에서 검색 기회가 도입되게 되었고, 네이버의 상징인 녹색 박스는 매주 주말마다 전국에 생중계되었다.

당장 앞을 내다보기 어려운 상황에서도 피눈물 나는 노력을 보여줬던 직원들과 경영진이 똘똘 뭉친 결과는 굳이 설명하지 않아도 될 정도로 다들 잘 알고 있겠지만, 몇 가지만 짚고 넘어가 보기로 한다.

2000년대 중반부터 취업 희망자들이 선호하는 기업들의 최상위에 랭크되기 시작하였다. 우리나라 젊은이들만 선호하는 것이 아니다. 외국의 젊은이들도 NHN의 일원이 되기를 간절히 원할 정도로 삼성, 구글, MS 등과 같은 세계 초일류 기업들과 어깨를 나란히 하게 되었다. 2003년 회사의 주식은 주당 20만 원을 훌쩍 뛰어넘었다. 회사의 어려움을 함께했던 직원들은 주식으로 엄청난 보상을 받았다. 한때 주가가 너무 높아 액면분할을 하기도 하였지만, 그래도 순식간에 20만 원을 훌쩍 뛰어넘었다. 현재도 이 가격대는 계속 유지되고 있다.

NHN은 한마디로 기적이다. 유산으로 큰 기업을 물려받고, 전쟁 특수를 경험하고, 정권의 도움을 받으면서 성장해온 대기업들과는 달리 이 회사는 한 치 앞도 내다볼 수 없을 정도로 어려운 상황에서도 회사를 위해 '충성심'과 '창의성'을 발휘해온 구성원들이 만든 작품이다.

안철수연구소도 창업 당시 사무실에는 단 두 명이 앉아 있었다. 대기업 대부분은 중소기업에서 시작되었다. 안철수연구소나 NHN은 새로운 시도를 시작할 때마다 주위로부터 "그게 가능할까? 말도 안 돼"라는 말을 수없이 들었을 것이다. 그러고는 사람을 뽑을 때마다 엄청난 어려움을 겪었을 것이다. 하지만 안정을 버리고 이런 회사에 입사한 사람들은 현재 대한민국 곳곳에서 IT산업의 핵심인력이나 전문경영인으로 성장하여 큰 활약을 펼치고 있을 것이다.

만일 당신이 충성심, 창의성, 추진력 등이 뛰어난 사람이라면 어느 곳에 가든지 그 기업을 크게 만들 가능성이 크다. 아직은 진흙 속에 파묻혀 있지만, 장차 진주로 변할 준비를 하는 기업들은 곳곳에 널려 있다.

이 기업들을 찾는 방법은 일간지, 경제신문, 경제지 등을 주의 깊게 지켜보시라.《중앙일보》의 〈강소強小 기업시리즈〉 등과 같은 기사들을 본다면 당신의 가슴을 두근거리게 하는 곳이 반드시 있을 것이다. 당신의 심장을 울리는 바로 그곳이 당신이 있을 자리이다.

취업 실패의 가능성이 큰 1백 대 일의 전쟁터에서 계속 머물 것인가 아니면 진흙 속에서 진주를 캐낼 것인가는 이제 당신의 선택에 달렸다.

적성을
고려하지 않았다

-
-
-

명문 사립대학 4학년에 재학 중인 P 양의 전공은 법학과이지만, 고시공부를 일찍 접고 취업을 준비해왔다. P 양이 일하고 싶은 곳은 호텔, 레스토랑, 은행과 같은 곳에서 서비스를 제공하는 일을 하고 싶어 한다. 항공사 승무원도 염두에 두고 있다. 현장에서 고객들에게 서비스를 제공하는 일이 멋있어 보이기도 하고, 자신이 잘할 수 있을 것이라는 확신도 들어서이다. 3학년 2학기부터 나름 이 분야에 대한 취업 준비를 해왔다.

그러나 4학년에 올라오면서 P 양의 불안감은 커져만 가고 있다. 왜냐하면 현장 서비스를 제공할 수 있는 곳이라면 어느 곳이든 가리지 않고 지원을 하고 있지만, 지원서를 내는 족족 서류전형이나 면접에서 탈락하기 때문이다.

"P 양은 스펙이 뛰어나지만, 서비스업과는 어울리지 않겠다는 생각 때문에 면접에 부르지 않았어요. 서비스업은 이성보다는 감성이 풍부한 사람에게 어울리는 직종인데, P 양의 자기소개서는 처음부터 끝까지 논리적인 글들로 가득 차 있었어요. 법무나 기획 등과 같이 이성이 필요한 곳에 지원했더라면 좋았을 텐데……."

"P 양을 탈락시킨 이유는 세 가지입니다. 요즘 서비스 현장에서는 고객에게 감동을 주기 위한 경쟁이 치열합니다. 따라서 감성이나 서비스 마인드가 중요하죠. P 양은 간단한 자기소개를 해보라는 요청에 매우 형식적이고 딱딱하면서 논리적인 답변을 했어요. 다른 질문들에 대해서도 자꾸 논리적으로 설명하려 했죠. 아마 법학과라는 전공의 특성 때문일 수도 있고, 자랄 때부터 설득보다는 설명하려는 습관이 몸에 밴 것 같기도 했습니다. 이것이 첫 번째 탈락 사유에요.
서비스 마인드란 서비스를 제공하고 스트레스를 받지 않는 것이에요. 고객의 요구사항이나 불편사항을 해결하면서 뿌듯함, 기쁨, 만족감을 느낄 수 있어야 하는 것이 바로 서비스 마인드이지요. 저는 서비스를 제공하고 행복감을 느낀 경험을 기대했는데, 단지 서비스업에서 일해봤다는 경험 그 자체만 강조했어요. 이것이 두 번째 탈락 사유였습니다.

또한, 서비스업에 종사하는 분들은 다른 업종에 계신 분들에 비해 스트레스를 느끼는 강도가 상대적으로 커서, 이를 견디지 못하고 이직을 하는 경우가 상당히 많습니다. 그런데 P 양은 고시공부를 그만둔 이유에 대해 스트레스가 컸다는 표현을 했습니다. 결정적 인 탈락 이유였지요.”

P 양의 자기소개서를 보고 탈락을 결정한 인사 담당자들의 말을 들어보면, 자신에 대한 적성을 모르거나 무시한 채 희망사항만을 가지고 취업 경쟁에 나섰다가는 백전백패라는 점이다. 많은 사람이 일단 자리를 주면 적응해 나갈 것이라는 생각을 하고 있지만, 타고난 성격과 전공을 공부하면서 익힌 습성은 한순간에 바꾸기 어렵기 때문이다. 아니 힘들다고 보는 것이 기업의 생각이다.

취업을 준비할 때 적성에 맞는 업무를 찾아야 하는 또 하나의 이유가 있다. 앞서 기업들은 조기 퇴직자들 때문에 골치를 앓고 있다고 밝힌 바 있다. 조기 퇴직자들의 다양한 사직 이유도 밝힌 바 있지만, 큰 부분을 차지하는 것이 바로 ‘업무가 적성에 맞지 않다’는 것이다. 특히 대학 때 전공이 그대로 회사의 업무와 연결되는 경우에도 업무 부적응자가 많이 배출된다는 사실에 주목해야 한다.

조기 퇴직자가 발생하는 것을 막고자 기업은 입사전형에서 인적성검사를 강화하고, 자기소개서를 꼼꼼하게 검토하며, 면접을 통해 지원하는 업무에 대해 잘 알고 있는지, 왜 지원하는지 등에 대해 철저하게 질문한다. 어느 한순간이라도 만족스러운 답변을 하지 못하면 곧바로 탈락으로 이어진다.

적성 때문에 탈락하고 싶지 않으면, 지금부터라도 자신에 대해 파악을 하는 노력을 기울여보는 것이 좋을 듯싶다. 마이어스-브릭스 유형지표Myers-Briggs Type Indicator(MBTI), DISC 행동유형Dominance, Influence, Steadiness, Conscientiousness, 애니어그램Enneagram 등과 같은 성격진단검사를 활용하는 것도 좋고, 노동부에서 제공하는 프로그램도 좋다.

진단을 통해 자신에게 맞는 업무를 준다면, 구체적으로 기업에서 업무의 성격은 어떤지 파악을 해보아야 한다. 기업에서 근무하는 선배들을 찾아가서 직접 문의하는 것이 가장 좋은 방법이다. 선배들이 바빠서 안 만나줄까 벌써 걱정하지 마라. 선배는 후배를 위해 언제든지 시간을 내줄 준비가 되어 있는 사람이다. 운이 좋으면 맛있는 밥과 술까지 얻어먹을 수 있다. 설령 바쁘다고 하더라도 적극적으로 요청하라. 문은 줄기차게 두드리는 자에게 반드시 열리게 되어 있다.

아래 내용은 어느 기업이든 공통으로 있는 업무 및 그에 대한 간략한 설명—자격증이나 특정전공이 필요할 기술직이나 전문분야는 제외—이다. 이를 통해 자신의 적성에 맞는 일을 파악해보기 바란다.

| 인사

　인사는 사람, 일, 조직을 다루는 분야이다. 한마디로 좋은 사람을 뽑아서 더 훌륭하게 훈련시키고 키워서 회사를 위하여 열심히 일할 수 있는 환경을 만들어 줄 뿐 아니라 퇴사 후의 관리까지 담당한다. 회사의 인적자원을 효율적으로 관리해서 회사의 경영목표에 이르는 중요한 역할을 한다. 보통 인사부의 규모가 작은 회사는 인사 · 총무 · 회계가 하나로 되어 있고, 조금 크면 인사 · 총무, 대기업은 인사팀으로 나뉜다. 주로 입사 · 퇴사 · 휴가 · 근무태도 · 4대보험 · 승진 · 승격 · 이동 등의 인사발령, 직무에 대한 평가 툴을 만드는 인사고과, 포상 · 징계 · 경고 등의 상벌관리, 사규관리, 노무관리, 교육, 복리후생, 급여지급업무를 맡는 때도 있다.

　대부분 관리부서는 대기업조차도 몇 년에 한 번씩 채용할 정도로 인력구성비율이 작은 편이다.

　'인사는 만사다'라는 말이 있듯 인사부에 입사하여 성장하려면 한도 끝도 없이 공부할 부분이 많다. 또한, 인사는 타 부서를 관리하는만큼 타 부서의 업무도 잘 알아야 한다. 충성심, 성실성, 신뢰감을 갖추어야 한다.

　돈이나 기계보다 능력이 뛰어난 사람 하나가 수만 명을 먹여 살리는 지금, 기업들은 인재를 뽑는데 시간과 돈을 아끼지 않는다. 사람을 낚는 일에 사명감이 있고 진흙 속에 파묻혀 있는 핵심인재들을 찾는데 정열을 불태워 볼 각오가 있는 사람은 도전해볼 만하다.

▮ 총무

한마디로 회사 살림을 하는 업무이다. 기업 운영에 필요한 여타의 모든 업무를 담당한다.

보통 자산관리(건물, 차량, 비품, 시설 등), 문서관리(회사공문서, 법인인감 등 인장관리, 각종 등록증 발송, 수취, 보관 등), 대외업무(구청 등 관공서 민원업무, 기타 외부기관과의 업무), 각종 행사 운영(주주총회, 이사회, 노사협의회, 시무식 등), 시설관리(출입통제, 경비, 통근, 기숙사 등), 통신 및 전산시설 등을 담당한다. 회사 운영의 A to Z를 다 경험할 수 있다. 회사 규모가 작을 경우, 인사, 교육, 경영기획, 예산, 복리후생까지도 담당한다.

무엇보다 꼼꼼한 성격이 있어야 한다. 회사의 중요한 문서관리 등을 담당하므로 어느 업무보다도 성실성과 윤리성이 요구된다. 집기비품이나 물품구매관리 등을 담당하므로 타당한 가격에 구매할 수 있는 분석력, 논리력 등의 역량도 필요하다. 의전 및 비서업무를 하는 때도 있으므로 운전면허 및 직장 매너 등이 기본적으로 필요하다. 총무부서는 늘 바쁜 경우가 많다. 학교에서나 동아리 때 총무의 경험이 있다면 도움이 될 수 있다. 모든 부서와 관련된 업무인 만큼 인간관계, 커뮤니케이션능력 또한 중요한 자질이 될 수 있다.

최근 들어 HRD, 즉 Human Resource Development이라는 개념으로 확대되었다. 교육팀, 인사교육팀, 인재개발팀 등의 명칭을 사용하기도 한다. 특정지식과 기술을 교육하는 범주를 넘어 직원 한 사람 한 사람을 개발하여 양성하고, 직원들을 핵심인력으로 키워내는 일을 한다. 업무 현장 속에 있는 사람에 대한 관심이 지대해야 한다. 직능이나 계층에게 맞고, 회사의 비전 및 목표와 일치하며, 직원들이 최고의 생산성을 낼 수 있는 인재육성 프로그램을 만들고 실행할 수 있어야 한다. 단순히 교육훈련이라는 개념보다 기업성과 산출요소에 근거한 경영전략을 이해하여 교육 니즈needs를 찾는 일을 담당한다. 대기업들은 연수원들을 보유하면서 교육부서를 한 개의 사업장으로 분리하여 다양한 교육 프로그램을 기획, 개발, 운영한다.

교육업무이기 때문에 교육학과 출신이 많다고 생각하는데, 산업교육이나 일반교육과는 달라서 전반적인 경영시스템의 이해도 필요하기 때문에 상경계열들이 많이 진출하여 있기도 하다. 또한, 교육관련 프로그램이 점차 심리학적 접근이 많아 심리학과 출신들도 상당수가 된다. HRD에서 요구하는 인재상은 연구자, 마케터, 조직변화 추진자, 분석력 등을 요구한다. 조직행동의 변화를 지원하고 리드하여 영향을 주려면 다양한 지식과 경영의 이해가 요구된다.

| 법무

말 그대로 법과 관련된 모든 것을 처리한다. 기업의 모든 활동은 모두 법의 테두리 안에서 이루어진다. 작은 일 하나라도 법의 규정을 받으며, 이를 무시하거나 잘 몰라서 불이익을 받는 경우가 많다. 법무는 사내 법률 서비스, 계약서 검토, 소송업무, 지적재산권관리 등을 담당한다. 법무법인에 법무를 아웃소싱하는 경우도 있지만, 대부분 자체 내에 법무팀을 운영한다. 법률 지식이 풍부해야 하는 전제 때문에 법학과 출신들이나 사법고시 출신들이 많이 배치된다. 업무의 전문성을 확보하기 위해 변호사를 채용하기도 한다. 법무라고 해도 그 회사의 성격에 따라 주 업무가 조금씩 다르다.

예를 들어 판매 위주의 회사는 주로 민법, 채권·채무관계, 계약, 어음수표, 송무 등을 주로 다룬다. 반면 IT나 소프트웨어 연구개발 위주의 회사라면 특허 등 지적재산권관련 업무가 많으며 금융업은 소액재판이나 대출, 카드연체자의 급여 압류 등을 담당한다. 또한, 법무 담당이 관리소속으로 관제팀의 역할을 하는 회사라면 상법, 회사법, 임대차, 등기관련, 노무관리 등의 업무를 다루는 경우가 많다. 최근에는 공정거래법규도 이슈화되어 많이 다룬다.

기타 계약검토, 소송지원, 법률자문, 등기업무, 인감관리, 주주총회, 이사회관리 등의 법무 매뉴얼 작업업무 등을 수행하기도 한다.

전공지식이나 어학은 기본적으로 준비하도록 하고, 법적 사고력, 즉 Legal Mind를 중요시하고 있다. 지원하는 회사의 특성을 정확히

파악하여 기본적인 이슈들을 챙기고 성실함과 꼼꼼함까지 갖추면
금상첨화이다.

▌광고

누구도 광고 산업의 장래가 밝다는 것에 대해 이의를 제기하지 않
는다. 삼성 마이젯 프린터를 베스트셀러로 만든 것은 다름 아닌 광고
다. 성능을 강조한 평범한 광고가 아니라 당시 고등학생이었던 전지
현을 내세워 섹시한 춤으로 소비자들의 눈을 사로잡았다. 성능 좋은
제품을 만드는 것은 기본, 이제는 광고가 판매를 결정한다. 실제 광
고 제작은 외부에 맡기지만, 광고기획사 선정부터 운용까지 관리한
다. 모델을 직접 섭외할 때도 있다. 이외에도 각종 매체, 판촉물, 디자
인 등을 관리한다.

회사의 제품 광고에 목숨을 걸 정도의 열정 소유자, 창조적 감각
과 창의적 발상, 기획력, 전문성, 예비 광고인으로서의 끼, 자신의 견
해와 능력을 설득력 있게 제시하는 프레젠테이션능력, 리더십, 경영
전략의 이해, 강한 체력과 의지, 끈기와 인턴경험이나 수상경력 등이
경쟁력이 될 수 있다.

▎홍보

광고와 홍보의 차이점은 무엇일까? 광고는 주로 제품에 한하지만, 홍보는 회사 전체를 다룬다. 즉, 홍보는 기업의 모든 활동을 언론매체를 통해 대외적으로 알려 회사 이미지나 가치를 높이는 일이다. 다시 말하면 크게 사외 홍보와 사내 홍보의 업무로 구분할 수 있다.

사회 홍보로는 대언론 홍보, 기업 이미지 홍보, 제품 홍보, IR 등이다. 신문이나 TV의 영향력은 상상을 초월한다. 회사에 대한 좋은 기사 하나는 몇십억짜리 광고와 같은 파워를 발휘한다. 반면에 나쁜 기사 하나로 회사가 휘청거리기도 한다. 좋은 기삿거리를 발굴하여, 보도자료를 만들고, 언론매체와 좋은 관계를 유지하여 상시로 회사를 알려야 한다. 사내 홍보업무로는 사보제작, 경우에 따라서는 POP 및 카탈로그 제작, 사내이벤트, 행사 등의 준비 등이 있다. 그 외로 여러 가지 마케팅과 관련된 일을 할 수도 있어 마케팅 홍보라는 표현을 사용하기도 한다.

사외 홍보는 주로 제품, 회사, 브랜드 등을 언론기관의 기자나 관계자들을 통해 보도자료를 작성하고 알려야 하므로 영업력, 대인관계, 사교성, 체력, 순발력, 그리고 적극성은 물론 기획력과 친화력이 있어야 한다. 외국어능력 및 관련 인턴경험이나 다양한 외국경험도 경쟁력이 될 수 있다.

마케팅은 기업이 상품이나 서비스를 소비자에게 유통하는데 관련된 모든 체계적인 활동이다. 제품이나 서비스를 판매하는 것 자체보다 훨씬 넓은 의미를 지니고 있다. 신제품의 개발, 기존제품의 개량, 새 용도의 개발, 포장·디자인 결정, 낡은 상품의 폐지, 시장조사, 수요예측, 판매 경로 설정, 가격정책, 경쟁대책 수립, 판매원의 인사관리, 판매활동 시행 및 관리, 광고, 선전, 판매촉진 등 매우 다양하고 포괄적인 업무이다. 전체 활동을 효과적으로 관리하기 위해 정책 및 전략 수립, 계획책정, 조직설정, 예산관리 등을 수행하는 마케팅기획팀을 별도로 두기도 한다.

4P(제품, 가격, 유통 경로, 판매 촉진)를 분석하고 선택, 전략, 실행하는 부서이다. 보통은 마케팅부서의 PMproduct manager 형식의 조직 형태가 많은데, PM이란 한 가지 제품 또는 관련 제품군이나 한 섹션을 담당하는 자로서 상품의 도입, 마케팅, 판매, 재고 처리까지 책임을 지는 역할을 한다.

시장을 보는 안목, 철두철미한 분석력과 통찰력, 기획력과 논리력, 꼼꼼한 수적 감각, 도식화능력, 컴퓨터활용능력을 요구한다. 무엇보다도 기업의 매출 및 수익의 극대화를 위한 경영개념을 인식할 수 있어야 한다. 무조건 잘 파는 개념이 아닌 전체적으로 어떻게 기업의 이익을 내는 것에 대한 이해와 시각, 즉 주인의식이 요구된다. 시장 현황 및 조사분석을 통한 내 외부 커뮤니케이션능력, 외국어능력은 필수이다. 회계를 알면 기업 전체를 알 수 있으므로 유리한 경쟁력이 될 수 있다. 통합된 전체적인 시스템과 이를 전략으로 운영할 수 있는 균형의식과 창의적 사고 또한 요구하고 있다.

| 기획

기획업무는 기업의 미래 비전 및 전략을 수립함과 동시에 경영자원을 합리적으로 배분 · 지원하고 수행과정을 점검하며 대안을 제시하기 위한 업무를 주로 담당한다. 다시 말하면 기획이란 실행되지 않은 일, 즉 실제로 존재하지 않는 일을 처음부터 끝까지 미리 그려보는 것이다. 여기에서 말하고자 하는 기획은 큰 단위의 사업을 대상으로 한다. 회사가 어떤 사업을 추진하려 할 때 예산은 얼마나 필요한지, 그 기간은 얼마나 걸릴지, 어떤 분야의 사람들이 몇 명이나 필요한지, 단계적으로 어떤 목표를 설정해야 하는지, 단계별 실적은 어느 정도 되어야 하는지, 사업 실적은 얼마나 될 것인지, 사업이 완료된 후 기업의 위상이 어떻게 변화되는지 등을 미리 설정하는 일이다. 실재하지 않은 것을 실재한 것으로 전제하고 그리는 것이기 때문에 기획력에 따라 그 결과는 엄청나게 달라질 수 있다. 기획업무는 크게 경영기획, 경영전략, 경영분석의 세 가지 영역으로 크게 구분되며, 기획하려는 대상과 규모에 따라 마케팅기획, 전략기획, 사업기획, 경영기획, 상품기획, 서비스기획 등으로 분류된다.

경영기획업무는 사업전략을 추진하기 위한 경영자원을 배분, 회사의 목표이익을 달성하기 위해 신규투자, 예산관리, 예산집행을 모니터링하여 예산 집행의 투명성과 객관성을 확보하기 업무를 수행한다. 경영전략업무는 각종 경영전략에 도움이 되는 경영정보자료를 작성하여 공유하며, 경영분석업무는 목표관리, 경영실적 정보분석, 전략수행과정 점검, 평가 IR업무 등을 수행하게 된다. 기업재무 회계지식, 기업경영관련 일반지식, 경영분석 및 실무지식 등이 필요하며 상경계 출신들을 선호한다. 또한, 프레젠테이션능력, 커뮤니케이션능력, 분석력, 기획력 등이 요구된다. 당연히 지원 회사에 대한 분석 및 외국어능력은 필수조항이다.

❘ 상품개발

잘 팔릴 수 있는 상품 및 서비스('이하' 상품)를 개발하는 업무이다. 잠재적인 니즈를 파악하고 발굴하여, 상품 콘셉트를 만들고 판매가 잘될 만한 상품을 개발하는 역할이다. 상품개발이란 어떻게 하면 상품이 잘 팔릴 수 있을지, 즉 방법을 개발하는 것이 아니라, 잘 팔리는 상품 그 자체를 개발하는 것이라고 설명하면 이해가 빠를 것이다.

상품기획은 상품개발 다음 단계로 상품에 대한 디자인, 시장성, 원가나 재무, 마케팅 측면에서 계획을 수립하는 것을 말한다. 고객과 시장에 대한 이해력, 니즈 탐색력, 상품 콘셉트력, 상품기획력, 창의성 등이 탁월해야 한다.

| 재무(회계, 경리, 자금, 세무)

회계, 경리, 자금, 세무 등은 회사의 돈과 관련하여 유기적으로 움직이는 업무들로서, 재무나 재경이라는 말로 통칭해서 쓰이기도 한다. 회사 규모에 따라 재무팀이나 재경팀이 모든 업무를 총괄하기도 하고 회계팀, 자금팀 등이 별도로 존재하는 곳도 있다. 세무는 세금과 관련된 업무를 말하고, 경리와 자금은 실제 돈을 움직이는 업무, 즉 출납, 자금운용 및 관리, 현금관리 등을 담당한다. 회계는 모든 경영활동과 돈의 흐름을 대차대조표라는 문서로 표현한다. 재무는 세무, 경리, 회계자료를 분석하고 활용하여 더욱더 효율적인 경영을 해나갈 수 있도록 하는 업무이다.

분석력, 수에 대한 감각, 끈기, 치밀함, 성실성 등이 필요하다. 돈을 다루는 업무이기 때문에 정직성이 요구되고, 회사의 기밀을 많이 알게 되기 때문에 충성심, 도덕성, 신뢰성, 책임감 등도 매우 중요하다.

| 영업

흔히들 영업을 '기업의 꽃'이라고 한다. 명칭은 화려하지만, 우리나라 사람들은 영업, 그중에서도 특히 개인을 상대로 하는 영업을 회피하는 경향이 많다. 하루 온종일 돌아다니며 사람들을 만나다 보면 거절을 당하고, 상처를 받기도 한다. 영업부서에 배치받으면 자존심 상한다고 그만두는 경우도 많다. 요즘은 영업에 대한 인식이 바뀌고 있다. 전문기술영업이 등장하고, 영업분야나 방식이 다양하고 세련화되고 있으며, 일반 관리직들은 상상도 할 수 없는 거액의 보상이 주어지고 있기 때문이다. 추진력, 협상력, 설득력, 도전정신 등이 뛰어나고, 승부근성과 사교성 및 대인관계가 좋은 사람을 선호한다.

| 국외영업

국외영업이란 말 그대로 외국을 대상으로 영업하는 것이다. 실제로 국외시장에 물건을 들고 나가 현장에서 직접 판매하는 행위보다는 본사에서 수출 상품과 외국 바이어를 관리하는 것이 주된 업무다. 업종에 따라 국외시장 개척 및 전시회를 통한 제품 홍보 및 바이어 개발의 업무를 담당하기도 한다. 외국인과 서신, 이메일, 전화로 접할 기회가 많으니, 능통한 외국어는 필수이다. 외국 출장 및 외국지사에서 근무할 기회가 부여될 수 있다.

외국어능력, 적극성, 대담성, 커뮤니케이션 스킬communication skill, 도전정신, 끈기, 협상력 등이 요구되며, 외국 출장이 잦을 수 있으므로 건강한 체력과 원활한 대인관계와 사교성 등이 높이 요구된다.

| 무역

수출입관리라는 이름으로 불리기도 하고, 국외영업과 일맥상통하는 것으로 받아들여지기도 한다. 그러나 국외영업과 무역은 큰 차이가 있다. 국외영업은 외국에 물건을 파는 행위 자체를 의미하지만, 무역이란 바이어 발굴, 제조, 포장, 선적, 물류, 통관 등을 모두 포괄하는 업무이다. 수출입되는 물품의 통관, 관세, 무역서류업무 등을 담당한다. 유창한 외국어 실력, 기획력, 세심함, 끈기, 업무 지식 등이 필요하다.

| 비서

요즘의 비서는 multi-specialist로서 단순히 상사를 보조하는 것이 아니라, 상사의 업무를 분담하여 함께 보좌하는 사람이다. 기업체 임원의 보좌관으로서 창의적인 사무처리능력을 갖추어야 하고, 때로는 중요한 순간에 조언자 역할도 할 수 있어야 한다. 특성상 기업의 중요한 기밀업무를 담당하게 되므로, 무거운 입은 필수다. 외국 기업과 관계가 있는 곳은 유창한 외국어는 물론, 워드, 엑셀, 파워포인트, 웹에 능해야 한다. 주요 업무는 상사의 일정관리, 회의 및 출장업무, 방문객 응대나 전화 응대, 수행, 일반적 총무업무나 문서관리, 정보관리 등의 업무를 담당한다. 비서 업무경험을 살려 다른 부서에서 관리자로서 뛰어난 역할을 하는 경우가 많다. 여성비서도 수행업무를 하지만, 수행비서의 경우는 남성의 경우가 많다.

비서는 센스 있는 사람, 더 나아가 전략비서의 자질을 요구한다. 예를 들어 상사가 인삼을 구해오라고 지시를 내렸을 때, 도라지를 캐 왔다면 '해고', 인삼을 구해왔다면 '비서', 산삼을 구해왔다면 '뛰어난 비서', 산삼과 인삼과 도라지를 구해와 필요에 의해 선택할 수 있도록 한다면 '전략비서'란 말이 있을 정도이다.

또한, 전문비서로서 필요한 갖추어야 할 기본적 이론과 실무능력이 가능한 사람을 선호한다. 전문비서로서 신뢰감 있고 상사를 보좌할 수 있는 이미지, 침착함, 신뢰성, 융통성, 상황 판단력, 부지런함, 끈기, 인내심 등이 필요하다. 외국어능력, 사무자동화능력, 충성심, 판단력, 커뮤니케이션능력, 정보 수집력, 주인의식 등이 요구된다. 비서양성기관을 수료했거나 관련 자격증도 좋은 경쟁력이 된다.

고객만족CS

기업의 목적은 이윤을 획득하는 것이다. 그러나 판매에 그치는 것이 아닌 고객을 100퍼센트 만족하게 해 고객 유지율과 충성도를 높여 마케팅이나 운영에도 활용한다는 것이다. 인터넷 발달과 글로벌 시대에 따른 환경 변화로 고객의 기대가치는 점차 높아지고 진화하면서 기업의 CS에 대한 관심과 비중이 점차 높아지고 있다. 즉, CS부서의 목적은 고객을 만족하게 하면서 기업이윤을 극대화하여 지속

가능한 기업으로 성장할 수 있도록 지원하는 부서이다. 고객센터, 고객지원팀, CS추진팀이란 부서명을 사용하기도 한다. 고객만족을 위한 인적서비스뿐만이 아닌 전략과 시스템을 구축하고 운영하기도 한다. 고객만족도분석, 기획, 인재개발 및 양성, 콜센터 구축, A/S, 고객관계관리CRM, 고객과의 접점분석接點分析을 통한 컨설팅, 그리고 접점관리 직원은 고객불만을 해결하는 업무를 통해 고객의 소리를 마케팅으로 활용하기도 한다.

직원 한 사람이 기업 이미지와 브랜드를 훼손하는 때도 있으므로 고객만족을 위한 교육업무도 병행되는데, 일명 CS 강사라는 표현을 사용한다. CS 강사는 고객접점 분석 및 교육기획 및 진행, 사후관리 등의 업무를 수행한다.

고객만족부서인 만큼 서비스 마인드를 갖춘 인재를 요구한다. 고객의 가치, 고객만족이 필요한 이유, 지원회사의 CScustomer satisfaction 분석을 통한 방향과 대안을 제시할 수 있다면 매우 좋다! 서비스 접점에서의 아르바이트 경력이나 관련 기관에서 수료했거나 자격사항이 있다면 유리할 수 있다. 고객접점 응대가 많은 만큼 단정한 용모, 복장, 환한 미소가 아름다운 이미지도 면접 시 주요 핵심요인이 된다. 특히 고객접점 직원은 고객의 소리를 경청하는 자세와 배려, 공감할 수 있는 고객지향 마인드, 고객접점을 통해 고객의 니즈분석을 하는 마케터 역량, 창의적 역량, 기획력과 커뮤니케이션 스킬이 절실히 요구된다.

구매관리

제품 생산에 필요한 원료, 재료와 기타 상품 등을 구매하는 업무이다. 여기서 중요한 것은 될수록 유리한 가격으로, 필요한 시기에, 적당한 공급자로부터 체계적으로 구매해야 한다는 것, 즉 경영활동 전반과 연결되어 이익의 원천으로서 더욱 창조적인 구매를 해야 한다는 것이다. 이를 위해서는 구매의 가치분석, 구매시장조사, 품질관리, 납기관리, 적정재고관리, 외주관리, 수송관리, 구매비용관리, 잔재관리 등에 걸쳐 총괄적인 업무를 수행할 수 있는 능력이 필요하다.

자재관리

생산활동에 필요한 자재의 입출유통入出流通을 통제하고 관리하는 일로서, 생산에 필요한 자재를 적정한 가격으로, 필요로 하는 부문에, 필요한 시점에 공급할 수 있도록 계획을 세워 구매하고 보관하는 일을 말한다. 회사의 수익을 운용하는 부서인 만큼 중요성도 크다. 원가절감 부문에 대해서도 생각하여야 한다. 자재관리란 일차적으로 재고를 파악하고 적정시기에 발주를 내야 하며 자재가 입고되면 선입·선출을 통해서 관리하는 것이 가장 큰 업무이다. 다시 말하면 생산계획에 따라 제품별로 소요시간과 소요량을 산출하고, 자재사용계획에 근거하여 구매팀에 구매를 요청하며, 재고품의 입출고, 통제, 보관, 외주관리, 운반관리, 창고관리 등에 대한 노하우를 쌓을 수 있다. 요즈음은 자재관리를 효율적으로 할 수 있는 소프트웨어가 많다.

구매 마인드와 꼼꼼한 성격, 성실성, 꾸준한 자기계발역량을 요구한다. 외근은 필수이므로 좋은 대인관계 스킬이 필요하다. 새로운 아이디어와 효율성을 찾을 수 있는 역량을 보여준다면 좋다. 품질관련 기본지식 및 품질관리관련 자격증과 외국어능력은 좋은 경쟁력이 된다. 산업공학과, 기계과, 금속, 화학 등의 전공자들이 많다.

헉!
명문대에
고 스펙이면
합격 할 줄
알았나?
명문대…

두 사람은 작년 여름 대기업 몇 군데에 지원서를 접수하였다. 결과는 모두 서류전형 탈락이었다. 두 사람 모두 당혹스러웠다.

A 군은 생각했다.

"역시 지방대학 출신이라는 것이 문제였나? 아니면 스펙이 아직도 부족한가? 나보다 더 많은 스펙을 쌓은 사람들이 이토록 많았던 것인가? 영어와 제2외국어 점수를 지금보다 더 올려야 하나? 자격증을 몇 개 더 따야 하나?"

B군은 생각했다.

"이럴 수가… 명문대를 떨어뜨리다니. 그것도 서류전형에서……. 말도 안 돼. 저건 회사가 문제일 거야. 아직 졸업까지 몇 개월이 남아있으니까 너무 신경 쓰지 말자. 다음 학기에는 여러 군데 합격할 수 있을 거야."

과연 두 사람은 왜 서류전형에 탈락했을까? 스펙만 믿고 자기소개서를 대충 썼기 때문이다. 두 사람 모두 자기소개서 작성에 들인 시간은 기업별로 한 시간이 채 안 되었다. 그것도 지원 마감이 몇 시간 남지 않았을 때 썼다.

자기소개서가 서류전형에서 차지하는 비중이 그토록 클까? 아무리 스펙이 뛰어나도 자기소개서 작성에 성의를 기울이지 않으면 서류전형의 문턱을 넘을 수가 없을까?

정답은 '맞다'이다. 지방 사립대학 출신의 C 군은 비인기학과, 4.5 만점에 3.4점, 토익 750점, 자격증은 없다. 하지만 자기소개서를 정성 껏 썼다. 얼마 전에는 자기소개서를 잘 쓰기 위해 1박 2일간 혼자서 '자신을 찾는 여행'을 다녀오기도 했다. 그 이후, 대기업 세 곳에 지원 하여 모두 합격을 하였고, 면접준비에 돌입하였다.

스펙만이 중요하다면 과연 C 군의 사례는 어떻게 설명할 수 있 을까?

'어학능력이나 전문지식에 대해서는 면접과정에서 구체적인 자질 을 입증하기 때문에 서류전형에서는 엄격한 잣대를 들이대지 않 는다.'
'서류전형에서 중요한 것은 출신 대학이나 학점보다 뽑고 싶은 충 동이 들게 하는 자기소개서'
'LG전자는 서류전형에서 토익 7백 점이나 9백 점이나 차이가 없 고, 인문계 기준으로 7백 점만 넘으면 모두 같은 점수를 받으며, 정 작 중요하게 보는 것이 자기소개서다.'
'전문업체를 통해 컴퓨터 상에서 자격 미달자를 골라낸 후, 인사 담 당자들은 입사 지원서를 꼼꼼히 읽기 시작한다.'

— 《동아일보》, 2008년 1월 24일

'내가 제출한 자기소개서를 인사 담당자들이 얼마나 자세히 볼까… 구직자라면 한 번쯤 이런 궁금증을 가져봤을 것이다. 학력, 토익 등으로 필터링한다는 소문도 공공연히 떠돌고 있어 채용제도에 대한 불신감도 크기 마련… 이랜드는 사업부별 인사팀장에서부터 신입사원까지 90명을 심사위원으로 선발해 3박 4일간 서울 여의도 렉싱턴호텔에서 합숙까지 해가며 지원자들의 자기소개서를 검토했다.'

— 《메트로》, 2011년 4월 18일

'대한상공회의소는 406개 기업의 인사 담당자를 대상으로 설문조사를 하였다. 이들 중 대기업의 74.8퍼센트는 '스펙이 우수하더라도 조기 퇴사 가능성이 크면 채용하지 않는다'고 답했다. 신입사원 채용 시 중점 평가내용에서 스펙에 해당하는 전공, 경력, 자격증, 외국어 등을 중시하는 기업은 36.5퍼센트에 그쳤으며, 대기업은 28.4퍼센트에 그쳤다. 반면에 스펙보다는 인적성에 속하는 적극성, 조직 적응력 등을 중점적으로 평가한다는 기업은 63.1퍼센트나 됐다.'

— 《파이낸셜뉴스》, 2011년 6월 6일

위 기사를 보듯이 왜 최근에는 기업에서 스펙만으로 사람을 판단하지 않을까? 스펙에 대해 좀더 자세히 살펴보면 그 이유를 알 수 있게 될 것이다.

'언제부터인가 취업준비생들은 출신학교와 학점, 토익점수, 자격
증, 그리고 외국에서 받은 연수나 인턴경험 여부 등을 종합해 스펙
이란 두 글자로 줄여 부르고 있다. 대학 시절 동안 자신이 확보할
수 있는 외적 조건의 총체가 스펙인 셈이다.'

— 《뉴스메이커》, 2004년 12월 10일

사전적 의미로 스펙을 한마디로 정리해본다면 '학력, 학점, 토익점
수 따위를 합한 외적인 조건의 총체'라고 할 수 있을 것이다. 여기서
중요한 것은 스펙이 '외적인 조건'이라는 것이다. 스펙의 원래 단어
인 specification 역시 무엇에 대한 설명서나 사양이라고 한다. 두 가
지를 통해 보았을 때 결국 스펙이란 어떤 사람에 대한 '외적 설명서'
가 된다.

어떤 사람의 외적인 면에 대한 설명은 모두 증명서로 표현된다. 졸
업증명서, 성적증명서, 자격증, 봉사활동증명서, 헌혈증명서 등이 스
펙을 표현하는 대표적인 증명서들이다. 증명서란 무엇인가? 어떤 사
람이 과거에 '이러 이러한 자격이나 성적을 얻었다'는 것을 증명해주
는 문서다.

스펙은 그 사람의 외적인 면과 과거만을 설명해준다. 따라서 스펙
은 어떤 사람의 내적인 면과 미래의 잠재력은 설명을 해주지 못한다
는 단점을 가지고 있다. 물론 어떤 사람의 이전 학교 성적이 좋았다
면, 기업의 인사평가에서도 상위권일 가능성이 크다. 바로 이런 점에

서 스펙은 어떤 사람의 앞으로 가능성을 판단하는 기준이 된다.

그러나 학교에서는 공부를 잘했으나 기업에서는 성과를 내지 못하는 경우도 많이 있다. 영어점수가 높다고 무조건 영어를 잘하는 것은 아니다. 우리나라 사람들의 토익이나 토플점수는 외국에서 신뢰를 얻지 못한다. 왜냐하면 우리나라 사람들이 영어시험점수는 뛰어나게 높지만, 막상 실전에서는 제대로 실력을 발휘하지 못해 쩔쩔매는 경우가 많기 때문이다.

또한, 스펙은 그 사람의 인성, 자질, 잠재력 등에 대해서는 말해주지 않는다. 공부를 잘한다고 무조건 인간성이 좋다고 할 수 없다. 공부를 못한다고 무조건 인간성이 나쁘다고 할 수 없다. 공부는 잘하는데 대인관계능력이 나빠서 사회에 나갔을 때는 성공적인 삶을 살지 못하는 사람들도 있다. 공부는 못하지만 커뮤니케이션 스킬이나 팀워크 정신이 뛰어나서 어느 조직에서나 환영을 받는 사람들도 있다. 공부를 잘한다고 사업을 잘할 수 있는 잠재력이 있는 것은 아니다. 공부는 못하지만 사업을 크게 성공하게 할 수 있는 잠재력이 있을 수도 있다. 이러한 경우들 속에서는 스펙은 객관적인 판단기준이 되지 못하는 한계를 가지고 있다. 결국 스펙은 어떤 사람을 평가할 때 '좋은' 판단기준이 되긴 하지만, '절대적인' 판단기준은 되지 못한다.

특히 기업들이 스펙이 아닌 지원자의 잠재력이나 인성을 더 중요시하는 지금과 같은 환경에서는 스펙이 아무리 뛰어나도 서류전형에 반드시 통과한다는 보장이 없다.

결국 자기소개서를 잘 써야 한다. 스펙이 부족한 사람이라 할지라도 자기소개서를 잘 쓰면 서류전형에서 통과할 가능성이 점차로 크게 열리고 있다. 이러한 경향을 알지 못한 채 스펙이 뛰어난 사람이나 부족한 사람이나 오로지 스펙 쌓기에만 매달린다면 취업의 길은 절대로 열리지 않을 것이다. 이렇게까지 자기소개서의 중요성에 대해 설명을 해도 다음과 같은 질문을 던지는 사람들이 꼭 있다.

"아무리 그래도 기업들은 여전히 스펙만 보고 사람을 뽑잖아요. 명문대학 출신들이 항상 취업이 잘되는 건 어쩔 수 없는 거잖아요."

대기업 계열사인 C 사의 인사팀장 말을 들어보자.
"몇 년 전부터 스펙으로 순위를 매겨 서류전형 합격자를 결정해오던 방식을 뜯어고쳤습니다. 역량이 뛰어난 사람들을 찾기 위해 자기소개서를 열심히 읽기 시작했지요. 특별한 문제만 있는 경우를 제외하고 지원한 사람들 전원에 대해 면접을 진행하기도 했습니다.
우리가 기대한 것은 스펙이 낮은 사람은 당연히 낮은 스펙을 보완하는 역량을 보여주기 위해 온 힘을 다하리라는 것이었습니다. 그러나 해가 갈수록 이런 기대는 무너졌습니다. 스펙이 낮은 사람들은 여전히 스펙만을 쌓으면서, 스펙이 높은 사람들과 스펙으로 경쟁을 하려고 하였습니다. 자기소개서는 형식적으로 쓰는 경우가 대부분이었습니다. 오히려 스펙이 높은 사람들이 자기소개서를 더 정성껏 써왔습니다.

결국 지원자의 실력을 판별하는 기준은 스펙 밖에는 없다는 생각이 듭니다. 요즘 예전 방식으로 다시 돌아가야 하지 않을까 고민합니다.”

또 다른 대기업 계열사의 인사팀장 말을 들어보자.

“자기소개서를 잘 써도 서류전형에서 탈락하는 경우 물론 있습니다. 또한, 자기소개서를 성의 없이 써도 서류전형에 통과하는 경우 역시 물론 있습니다. 그러나 한 가지 변하지 않는 사실이 있습니다. 자기소개서를 성의 있게 쓴 사람은 면접에서 좋은 평가를 받습니다. 성의 없이 자기소개서를 쓴 사람은 면접관에게 좋지 못한 인상을 심어주어 심한 압박을 받게 되고, 결국 탈락으로 이어지는 경우가 대부분입니다. 자기소개서를 대충 쓴 사람은 절대로 최종 합격자의 명단에 들 수가 없다는 것을 지원자들이 알아주었으면 합니다.”

그렇다면 자기소개서를 어떻게 써야 탈락하지 않을까?

자기소개서에
무엇을 써야 하는지 알지 못했다

•

•

•

　'자기소개서… 어떻게 보면 쉽기도 하고, 어떻게 보면 너무나도 어렵기도 하고, 정성을 들여서 써봤자, 인사 담당자들이 공들여 볼 것 같지도 않지만, 이랜드 같은 기업은 철저하게 본다고도 하고, 스펙만 가지고도 안 된다고 하면 결국 자기소개서가 결정적인 역할을 할 것 같기도 하고, 글 솜씨가 없어서 두렵기도 하고, 글 잘 쓰는 친구가 부럽기도 하고, 한 문장 쓰기도 어려워서 머리가 터질 것 같기도 하고, 최소 몇 개에서 최대 열 개가 넘는 기업들에 지원해야 마음이 놓일 것 같은데 기업마다 자기소개서 항목들이 천차만별이라 마음이 조급해지기도 하고, 시간은 부족하고…….'

취업을 위해 자기소개서를 써본 사람들이라면 대부분 심정이 이와 같을 것이다. 정답이 없어 보이는 자기소개서를 잘 쓰기 위해서는 어떻게 해야 할까?

적을 알고 나를 알면 지는 일이 없다고 하지 않았는가? 자기소개서를 잘 쓰려면 기업이 기대하는 바가 무엇인지 정확히 알아야 한다. 그러지 않고 자신만의 생각을 하고 쓴다면 탈락은 피할 수 없다.

먼저 요즘 기업들이 제시하는 자기소개서 양식을 살펴보도록 하겠다.

| 글자 수 제한이 아주 심하다

삼성에 입사하려면 성장과정, 성격의 장단점, 취미 및 특기, 사회경험, 지원동기 및 포부 등을 각각 200자 정도로 써야 한다. 물론 띄어쓰기 포함이다. 띄어쓰기를 제외하면 약 180자 내외로 써야 한다. 참으로 어렵다.

분량에 제한을 두는 곳은 삼성만이 아니다. 대기업들은 평균 500자 내외에서 각 항목을 작성하도록 요구한다. 존경하는 인물과 그 이유에 대해 50자 이내로 쓰라는 곳도 있다.

성장과정을 200자 이내로 쓰려면 핵심요약능력, 압축적인 표현력, 창의력, 문제해결능력 등이 필요하다. 짧은 내용 안에서 자신에 대해 효과적으로 보여주기 위한 전략도 필요하다. 이제 대충 쓰거나 베껴 쓴 자기소개서는 발붙일 곳이 없다.

▌항목이 구체화 및 다양화되고 있다

이제는 몇 가지의 뻔한 항목만을 제시하는 자기소개서는 없다. 다음의 사례들이 대표적이다.

- 나의 인생관과 세계관을 요약하고, 그것을 형성하는 데 가장 큰 영향을 준 것(인물, 책, 영화 등)과 어떻게 영향을 주었는지 설명하시오. [100자 이상 600자 이내, SBS]
- 내 삶에서 가장 기억에 남는 일에 대해 상세히 기술하십시오. 사건, 원인, 과정, 결과를 중심으로 [15줄 이내, SK]
- 귀하의 성장과정에서 기억에 남는 성취경험이나 리더쉽경험이 있으면 기술하시오. 또한, 그 경험이 우리 회사에 근무함에 필요한 것이라면 왜 필요하다고 생각하는지 기술하시오. [경남은행]
- 이것만큼은 남에게 질 수 없다고 생각하는 것 한 가지만 말해보시오. [350자, 벽산]
- 나는요(자기 PR로 자유스러운 형식으로 서술) [1,000자 이내, 글로비스]
- 개인적인 어려움과 희생을 각오하고 윤리적, 도덕적으로 행동했던 경험이 있다면 서술해 주십시오. [100자 이상 600자 이내, 금호아

시아나그룹]

• 예상치 못했던 문제 탓에 계획대로 일이 진행되지 않았을 때, 책임감을 가지고 적극적으로 끝까지 업무를 수행해내어 성공적으로 마무리했던 경험이 있으면 서술해 주십시오. [100자 이상 600자 이내, 금호아시아나그룹]

위 항목들을 보면 '당신의 스펙이 궁금해요?'라는 의미가 들어 있는 것은 하나도 없다. 하나같이 도덕성, 문제해결능력, 승리욕, 리더십 등과 관련된 과거의 성취경험을 묻고 있다. 이러한 역량들과 관련 성취경험이 없다면 자기소개서를 절대로 쓸 수가 없게 되어 있다. 쌓아 놓은 스펙은 많은데, 무엇인가 성취를 해본 다양한 경험들이 없다면 지금부터라도 만들어내야 한다. 그럴 시간이 없다면 자신의 과거를 진지하게 생각해보라. 반드시 이러한 경험들이 있을 것이다.

▎항목이 세부적이고 고난이도화되고 있다

기업들은 특정역량에 대해 좀더 세분화시켜서 아주 꼼꼼하고 철저하게 성취경험을 묻고 있다. 성취경험은 역량평가의 핵심전제이기 때문이다.

• 지금까지 살아오면서 기존의 정해진 목표보다 더 높은 수준의 목

표를 달성하고자 하며, 이를 위해서 시간이나 노력을 최대한으로 투입하고 관리한 경험에 대하여 기술해 주시기 바랍니다.

(1) 본인이 선정한 목표는 무엇이었으며, 목표를 세운 기준이나 근거는 무엇입니까? [400자]

(2) 목표를 달성하기 위해서 어떤 노력을 기울였습니까? 구체적으로 기술하여 주십시오. [400자]

(3) 노력의 결과와 본 경험을 통해 본인이 습득한 교훈에 대해 기술하여 주십시오. [400자]

• 지금까지 팀을 이루어 활동하였던 경험 중에서 공동의 목표를 달성하기 위해서 팀원들과 신뢰를 형성하고, 협력적인 관계를 구축하며, 시너지를 내기 위해서 노력한 경험에 대하여 기술해 주시기 바랍니다.

(1) 팀을 이루어 활동한 경험과 팀 내에서 본인의 역할 및 공동의 목표를 달성하기 위한 본인의 노력에 대해 기술해 주십시오. [400자]

(2) 팀원 간에 서로 갈등상황이 발생하였을 때, 본인은 어떻게 해결하고자 하였습니까? [400자]

(3) 팀 활동의 결과와 팀 활동을 통해 본인이 습득한 교훈은 무엇입니까? [400자]

이제 기업들의 자기소개서 항목 사례들을 보면서 무엇을 써야 하는지 정확히 파악했을 것이다.

'스펙은 입사지원서에! 자기소개서에는 역량과 성취경험을!'

아마 당신이 서류전형에서 탈락했다면 이 단순한 사실을 무시하고 자기소개서를 썼기 때문이었을 것이다.

한편 역량이 뭐기에 이토록 기업들이 중요하게 여기는 것일까?

역량力量이란 '어떤 일을 해내는 힘, 능숙함, 능숙도, (특정한 일을 하는 데 필요한) 기능'을 말한다. 하지만 이 정도의 뜻풀이만 가지고 역량에 대해 제대로 된 이해를 하기는 쉽지 않다. 좀더 구체적인 의미 파악을 위해 몇 가지 더 살펴보도록 한다.

일단 국어사전적 의미는 '어떤 일을 해내는 힘'이라고 되어 있다. 영한사전에서는 '능숙함'이라고 되어 있는데, 여기서 주목할 것은 영영사전의 뜻풀이이다.

The ability to do something well…이라는 부분을 보면, 어떤 일을 해내는 힘이나 능력 중에서도 '잘하고 있는' 능력임을 알 수 있다. 즉, 일반적인 능력이 아니라, 무언가를 '잘하는' 능력을 말한다. 취업할 수 있는 능력이 아니라, 취업을 잘할 수 있는 능력이 역량이다. 직장생활을 해낼 수 있는 능력이 아니라, 직장생활을 잘해낼 수 있는 능력이 역량이다.

결국 역량이란 '남들과 차별화되는 특정한 능력'이라고 정의할 수 있다.

"갑돌이는 명문대까지 나와서 왜 아직 취직도 못 하고 있을까요?"
"자립심과 창의성이 부족해서 그렇데요."

위 대화를 들어보면 훌륭한 스펙을 가진 갑돌이가 취업하기 위해
서는 스펙을 더 키울 것이 아니라, 자립심과 창의성이라는 역량을 키
워야 한다. 노력은 하는 데 무엇인가 잘 안 되면 역량에서 답을 찾아
야 한다. 스펙을 잘 쌓아 왔는데 목표한 바를 이루지 못하면 스펙에
서 해결책을 찾으려고 하지 말고 역량에서 찾아야 한다. 스펙만으로
스펙을 키우는 데에는 한계가 있기 때문이다.

명문대학 졸업생들은 많다. 앞서 밝힌 바와 같이 명문대학 졸업장
이라는 스펙에다가 취업에 유리한 스펙들을 가지면 많은 사람이 선
망하는 대기업에 취업할 수 있는 기본 조건을 가지게 된다. 여기에
요즘 기업들이 선호하는 역량, 즉 창의성, 문제해결능력, 팀워크 정
신, 충성심, 패기 등을 갖추면 어엿한 대기업 신입사원이 될 수 있다.

한편 대기업에 들어갔다고 해서 만사가 해결된 것은 아니다. 그 안
에서 전문 경영인의 자리에까지 오르는 것이 모두의 희망일 것이다.
굳이 이름을 밝히지 않아도 자주 언론에 오르내리면서 유명세를 타
는 전문 경영인들은 어떻게 만들어진 것일까?

하춘수 대구은행장, 이상운 효성 부회장, 정만원 SK텔레콤 사장,
임기영 대우증권 사장, 정연주 삼성물산 사장, 최현만 미래에셋증권
의장, 김정태 하나은행장, 정태영 현대캐피탈 사장, 김윤섭 유한양행

사장, 박승하 현대제철 부회장과 같은 CEO들처럼 되려면 어떻게 해야 할까?

이들은 회사를 국내 1위 기업에서 세계적인 기업으로 성장을 시키고, 총체적인 난국에 빠진 기업을 초일류 기업으로 탈바꿈시킨다. 그에 대한 대가로 몇십억 원의 연봉은 기본이고, 회사를 성장시킨 대가로 받는 스톡옵션의 가치는 수백억을 웃돌기도 한다.

신입사원이 전문 경영인의 자리에 오르기 위해서는 끈기, 도전정신, 추진력, 리더십, 오너십ownership, 집념, 커뮤니케이션능력, 위기관리능력, 판단력, 책임감 등의 역량들을 골고루 갖추고 있어야 한다. 이러한 역량들은 평범한 신입사원을 위대한 전문 경영인으로 성장시킨다.

부모님을
취업시키려고 하였다 [성장과정 1]

·

·

·

부동산중개업을 천직으로 여기는 장인정신의 소유자로 다른 사람 같으면 은퇴해야 할 나이가 지나서도 일할 수 있음에 감사하고, 직장인들처럼 시간과 공간에 얽매이지 않고 자유롭고 편하게 일할 수 있는 부동산중개업을 소중하게 생각하며 성실히 일하시는 아버지와 지금의 조건과 상황에 만족하고 편하게 안주하시기보다는 작은 것이라도 소일거리를 찾아서 일하고자 노력하시며, 다른 사람들과의 교제를 소중하게 생각하고 활동적이며 사리분별이 명확하신 어머니 사이에서 경제적 풍요 대신 정신과 마음의 풍요 속에 2

남 1녀 중 장남으로 성실하고 바르게 자란 결과 건강한 정신을 갖게 되었습니다.

만일 당신이 인사 담당자라면 이 자기소개서에 대해 어떻게 평가를 하겠는가? 사실 이 자기소개서는 평가하기가 참으로 난감하다. 본인의 성장과정을 쓰라고 했는데, 글의 90퍼센트 정도가 본인이 아닌 부모님에 대한 이야기로 되어 있기 때문이다.

이 글을 썼던 학생은 필자에게 다음과 같은 말을 하였다.

"성장과정에서 부모님의 영향을 받지 않은 사람이 얼마나 될까요? 부모님은 누구의 삶이든 특히 어렸을 때부터 성장에 가장 큰 영향을 주신 분이잖아요. 그러니까 당연히 부모님에 대한 부분이 크게 차지할 수밖에 없지 않나요?"

물론 맞는 말이다. 부모님은 한 사람이 성장하는데 지대한 영향을 준다. 이 부분을 인정하지 않으려는 것이 아니다. 인사 담당자들도 지원자의 부모님에 대한 관심이 많다. 어떤 대기업은 총수인 회장이 면접관으로 직접 나서서 지원자들과 만나는 경우가 있는데, 이때 등장하는 단골 질문으로 "부모님의 직업은?" 혹은 "부모님에 대해 얘기해 보라" 등이 있다. 대기업 회장들이 관심이 있을 정도면 지원자의 부모가 얼마나 중요한지 잘 알 수 있을 것이다.

　문제는 이 자기소개서가 부모님 소개를 했다는 것이다. 기업이 지원자의 부모님에 대해 관심이 많다면서 부모님 소개를 한 것이 문제라고? 그렇다. 부모님 소개를 한 것이 문제다. 기업이 관심을 두는 것은 부모님 자체보다는 부모님으로부터 어떤 영향을 받았는지 여부이다. 그러나 이 글은 부모님으로부터 어떤 영향을 받았는지에 대한 부분은 없고, 그저 '부모님은 이러이러한 분들이다'라는 설명밖에는 없다.

　결국 본인이 취업하려고 하는 것이 아니라, 부모님을 취업시키기 위한 글이 되어 버렸다.

　또 한 가지. 윗글의 마지막 부분 '경제적 풍요 대신 정신과 마음의 풍요 속에 2남 1녀 중 장남으로 성실하고 바르게 자란 결과 건강한 정신을 갖게 되었습니다'를 보자.

　스스로 건강한 정신을 갖게 되었다고 주장하고 있다. 이는 그저 내 이야기를 믿으라고 강요하는 것밖에 안 된다. 진짜 건강한 정신을 가졌는지 아무런 근거를 제시하지 못한 채 말이다. 아무리 좋은 평가를 하려고 해도 절대로 그럴 수가 없다. 자신에 대한 이야기는 두 줄 정도 써놓고는 무조건 믿으라니 성의도 없고, 배려도 없다. 진정 취업하려는 마음이 있는 것일까?

　취업하려는 마음이 있다면 자신이 주장한 바에 대해 근거를 제시해야 한다. 여기서 말하는 근거란 구체적인 사건이어야 한다. 특히 부모님으로부터 물려받은 점들 때문에 학창 시절에 칭찬을 듣거나,

인정을 받았던 사례가 들어가 주면 더욱 좋다. 바로 이 점이 기업에서 궁금해하는 것이기 때문이다.

문장이 너무 긴 것도 문제다. 위의 글을 잘 보면 엄청나게 긴 내용임에도 하나의 문장으로 되어 있다. 글을 읽는 사람의 처지에서 봤을 때 이러한 글은 지루하고 짜증이 나도록 한다. 한마디로 읽는 사람에 대한 배려심이 전혀 없다. 글을 쓴 사람이 명확해 보이지도 않는다. 상대방을 생각해서 쓴 글이라면 글이 짧아야 한다. 매우 중요한 사항이므로 반드시 기억해둘 만하다.

따라서 윗글은 다음과 같이 구성되어야 한다.

저의 부모님은 이러이러한 분이십니다. 이러한 부모님을 통해 저는 성실성, 끈기, 책임감 등과 같은 자질을 배웠습니다. 이 자질은 학창 시절 때 공부하고 친구들과 함께하는 활동들 속에서 강하게 드러났습니다. 특히 초등학교 시절 (혹은 중학교나 고등학교 시절) 이러이러한 일들도 있었습니다. 이 일들을 통해 나는 주위 사람들로부터 '책임감이 강하다' 등과 같은 평가를 자주 들었습니다.

지루하고 재미없게 썼다 [성장과정 2]

-
-
-

초중고를 대전에서 다녔습니다. 초등학교 시절에는 보이스카우트 활동을 했으며, 중학교 시절 음악반 활동을 하였고, 고등학교에 진학해서는 공부에만 전념하는 평범하고 성실한 학생이었습니다. 고등학교를 졸업하고 ○○대학교 경제학과에 입학하였습니다. 학과 내 한국경제학회에서 열심히 활동한 결과 3학년 때 학회장의 역할까지 수행하였습니다. 이외에도 태권도 동아리에 가입하여 심신을 수양하였습니다. 부모님의 학비 부담을 덜어 드리기 위해 틈틈이 아르바이트하였습니다. 대학교 3학년을 마치고 현역으로 육군에

'참으로 욕심도 많지.'

이 글을 보자마자 든 생각이다. 요즘 기업들의 자기소개서들이 상당한 분량제한을 두는 것을 고려해보았을 때 초중고와 대학, 그리고 군 생활까지 다 집어넣으려는 욕심을 부렸다. 그러다 보니 단순 나열에만 그칠 수밖에 없었다.

'참으로 재미없다.'

두 번째 든 생각이다. 누군가 당신 앞에서 자신이 살아온 과정에 대해 설명을 해준다고 가정해보자. 그저 단순하게 '초등학교 때는 이랬고, 중학교 때는 이랬고, 고등학교 때는 저랬고, 대학교 때는 요랬으며, 군대에 있을 때는 그랬다…….' 내가 살아온 과정과 다를 바가 하나도 없다. 그저 누구라도 저렇게 살아왔을 것 같다. 뭔가 대단하거나 특별한 것이라곤 찾아볼 수가 없다. 아마 인사 담당자 머릿속에는 '내가 왜 이런 재미 없는 이야기를 듣고 있어야 하지?'라는 생각이 들면서 연방 하품을 하고 있을지도 모른다. 더 심한 건 무미건조하고 재미도 없는 내용을 글로 읽어야 한다는 것이다.

사람들의 관심을 끄는 것은 여러 가지 일들은 단순 나열만 하는 것이 아니라, 특별히 기억에 남는 순간의 사건을 하나 끄집어내는 것이다. 구체적인 사건이 사람의 관심을 끈다.

마지막으로 든 생각이다. 이 글은 그저 '저는 이렇게 살아왔어요'로 끝났다. 이는 기업으로 하여금 알아서 판단하라고 강요하는 것이다. 이 내용을 본 인사 담당자의 머릿속에는 '그렇게 살아온 건 알겠는데, 그래서 뭘 어쩌라고? 그게 우리 회사에 입사하는 것과 무슨 상관이지?'가 떠오를 것이다.

그렇다면 어떻게 써야 할까? 인사 담당자의 머릿속에 위와 같은 생각이 아니라 '아하, 이 경험은 우리 회사의 어떤 업무에서 빛을 발하겠구나!'와 같은 생각이 떠오르게 해야 한다. 그러기 위해서는 '이러한 경험들을 통해 얻은 역량들은 ○○업무 담당자로서 귀사에 크게 이바지할 것이라 확신합니다' 등과 같은 표현이 반드시 들어가야 한다.

물론 인사 담당자들은 '이렇게 살아왔어요'로 끝나는 글만 보고도 지원자에 대해 판단하고 평가할 수 있는 역량들은 모두 지니고 있다. 그럼에도 마지막에 굳이 '어떠어떠한 성장과정 덕분에 회사에 이바지할 수 있다'는 내용을 넣는 것은 지원자의 적극성을 보일 수 있는 기회이기 때문이다. 산더미처럼 쌓인 자기소개서를 보느라 정신이 없는 담당자들로 하여금 여러 가지를 판단하는데 소요되는 에너지를 줄여줄 수 있기 때문이다.

또한, '성장과정만 쓰라고 했는데, 입사 후 잘할 수 있을 것이라는 내용까지 썼어? 성장과정을 통해 얻은 것이 우리 회사에서 그것도 특별히 어떤 업무에서 이바지하리라는 것까지 고민해 본 거야? 음…

이렇게 적극적인 걸 보면 입사하고자 하는 열망이 클 수도 있겠군'
등과 같은 긍정적인 평가를 받을 수도 있다.

윗글은 다음과 같이 구성되어야 한다.

제 인생에서 가장 큰 경험은 대학 때의 일이었습니다. 제대로 알지 못한 상태에서 전공선택을 하였으나, 경제학이라는 학문은 접할수록 기대 이상으로 저와 잘 맞았고, 이 분야에서 최고가 되고 싶다는 소망까지 품게 되었습니다. 경제학에 대한 열정 때문에 학과 내의 학회를 선택하였습니다.

학회장을 맡았을 당시, 서울 · 경인 지역의 경제학회가 모두 참여하는 학술대회를 개최한 적이 있습니다. 그것은 최초였기 때문에 의미가 컸으나 그만큼 어려움이 많았습니다. 냉소적인 주위의 시각도 있었고, 경험 부족에서 오는 시행착오도 여러 번 겪었습니다. 그러나 70퍼센트 이상의 학교가 참석하는 성과를 이루었고, 지금도 매년 지속하고 있습니다. 많은 난관 때문에 중단될 위기도 있었고, 대표자로서 외로움도 수없이 겪었으나 포기하지 않고 끝까지 추진한 것이 좋은 결과로 이어졌다고 자신합니다. 이러한 학회장 경험을 통해 리더십, 추진력, 책임감, 패기 등과 사물을 폭넓은 시야로 바라볼 수 있는 눈을 얻었습니다. 이러한 역량들은 제가 신생기업인 ○○주식회사에서 영업업무를 담당하게 된다면, 회사의 발전을 위해 크게 이바지하게 될 것이라 확신합니다.

나열만 했다 [장점 1]

-
-
-

저는 항상 긍정적인 마인드로 결심한 일을 계획대로 추진해나갑니다. '긍정적으로 생각하자'라는 좌우명을 가지고, 어떠한 어려운 상황에 놓이더라도 차근차근 해결책을 생각해내어 계획대로 추진해나가 좋은 결과를 이루어냅니다. 또한, 상대방을 먼저 고려하는 배려심 깊은 성격으로, 처음 만나는 사람들에게도 쉽게 신뢰감을 심어줍니다. 긍정적인 마인드, 꼼꼼한 성격과 배려심으로 '어떠한 일이든 믿고 맡길 수 있는 사람'이라는 얘기를 많이 듣습니다. 책임감이 강하다는 것도 저의 장점입니다. 일단 주어진 일이 생기면, 일이 마무리될 때까지 온 힘을 다합니다.

이 지원자는 장점으로 긍정적인 마인드, 배려심, 꼼꼼한 성격, 책임감 등을 내세웠다. 내용이 사실이라면 많은 장점을 가지고 있다. 과연 이 지원자는 인사 담당자의 마음에 들었을까? 인사 담당자는 이 장점들을 있는 그대로 믿어줄까? 필자의 경험상 그럴 일은 절대로 없다.

이토록 많은 장점을 내세웠는데, 왜 기업은 마음에 들어 하지 않고, 믿어주지 않을까? 이것은 절대 기업의 문제가 아니다. 지원자의 잘못이다. 장점만 나열했을 뿐이지, 그에 대한 근거를 하나도 제시하지 않았다. 이 내용대로라면 기업에 무조건 믿어달라고 호소하는 것밖에 안 된다. 게다가 배려심이 있다고 하는 사람이 기업을 전혀 배려하지 않고 있다. 기업이 궁금해하는 것은 장점이 몇 가지인지가 아니라 장점에 대한 근거인데, 제일 중요한 것을 쏙 빼놓고 껍데기만을 던지면서 믿어달라고 하는 것이 과연 배려심일까? 배려심이 없음을 그대로 드러내면서 배려심이 있다고 하는 것부터 신뢰감을 주지 않는다.

그렇다면 장점의 근거는 어떻게 제시하여야 할까? 지원자가 장점으로 내세운 긍정적인 마인드, 배려심, 꼼꼼함, 책임감 등과 같은 것들은 눈에 보이지 않는 요소, 즉 역량이다. 탈락의 다섯 번째 이유에서 역량평가의 핵심전제는 '성취경험'이라고 설명한 바 있다. 결국 장점에서 내세우는 역량의 근거는 그 역량과 관련된 성취경험으로 제시해야 한다.

여덟 번째 이유에서는 신입사원으로서 공통으로 갖추어야 하는 역량인 팀워크, 충성심, 열정, 창의성, 서비스 마인드 등을 중심으로 성취경험의 사례들을 살펴보도록 하겠다.

| 팀워크

팀워크는 조직의 목표 달성을 위해 조직 내에 있는 사람들과 서로 협조하는 것이다. 개인플레이 대신 팀플레이를 우선시하는 것이다. 개인의 목표와 팀 목표를 일치시키는 것이다. 학창 시절 동안 팀 단위의 과제를 해결한 경험이 있을 것이다. 수업시간에 교수님이 팀 단위로 과제를 제시해주었다고 하자. 팀원들끼리 과제를 배분할 것이다.

자신이 맡은 과제를 제일 먼저 완료했다고 치자. 이때 아직 과제를 수행하지 못한 다른 팀원들을 도와주는 것이 바로 팀워크다. 특히 다른 팀원을 도와주는 이유가 스스로 만족하기 위해서가 아니라, 팀이 좋은 평가를 받기 위함이 진정한 팀워크다. 또한, 자신의 과제를 수행해나가는 과정에서 다른 팀원이 도움을 요청했을 때, 아무리 바쁘다고 하더라도 팀원을 도와주는 것이 바로 팀워크다. 이때도 단지 개인적으로 친해서 도와준 것이 아니라 팀 전체를 위한다는 마음으로 도와준다면 이 또한 진정한 팀워크다. 서로 도와준 결과 교수님으로부터 칭찬을 듣거나, 좋은 성적을 얻었다면 이것이 바로 팀워크에 대한 성취경험이다.

충성심

충성심이란 조직을 위해 개인적인 불편함까지도 기꺼이 감수하는 것이다. 예를 들어 학과에서 행사하거나 동아리 등에서 봉사활동을 간다고 치자. 어느 순간 개인적인 일정이랑 겹치게 되는 일도 있을 것이다. 이럴 때 개인 일정보다 조직의 일정을 우선시하는 것이 충성심이다. 평상시에 자신이 좋아하지 않는 일을 해야 할 때도 있다. 이 때에도 불만을 표시하거나 스트레스를 받거나 하는 일 없이 기쁜 마음으로 조직의 일을 끝까지 수행해내는 것이 바로 충성심이다.

특히 이러한 일을 하는 이유가 개인적인 만족을 위해서가 아니라 조직을 위해서 하는 것이 진정한 충성심이다. 그 결과 주위로부터 조직 전체가 좋은 평가를 받거나 칭찬을 받았을 때, 함께 기뻐하고 뿌듯함을 느끼는 것이 충성심에 대한 성취경험이다. 아무리 작은 분식집에서 아르바이트한다고 해도 단지 근무시간에만 충실히 하는 것만을 전부로 삼는 것이 아니라, 근무시간이 지났음에도 어떻게 하면 자신이 일하는 이 식당이 돈을 많이 벌 수 있을까라는 고민을 해보고, 이를 실천에 옮겨 매상이 오르는 결과를 얻었다면 이 또한 충성심과 관련된 성취경험이다.

열정

열정이란 무엇일까? 열정의 사전적 의미는 어떤 일에 열렬한 애정을 가지고 열중하는 마음이다. 어떤 일에 대해 애정을 가지고 있는데다가 집중까지 한다면 얼마나 큰 성과가 나올까? 열정은 기적을 만든다. 아무리 힘든 일이 있어도 절대 포기하지 않도록 한다. 자신의 모든 것을 다 바치게 한다. 열정이 있는 사람과 없는 사람이 내는 성과는 천지 차이이다.

세계적인 축구스타로 성장한 박지성 선수는 축구선수를 하는 것 자체가 너무나도 어려운 평발이다. 게다가 몸집도 왜소하고 체력도 약했다. 아마 다른 사람들이라면 축구를 일찌감치 포기했거나 계속 하더라도 그저 그런 평범한 선수가 되었을 수도 있다. 그러나 악조건 속에서 박지성을 일으켜 세운 것은 축구에 대한 열정이었다. 최근 CF에도 자주 등장하지 않던가? 열정이 없었으면 칭기즈칸은 평범한 양치기였을지도 모른다. 네이버가 어려운 상황이었을 때, 열정을 가진 직원들이 없었으면 오늘날의 NHN은 없었을 것이다.

자격증을 취득하려고 또는 전공과목을 공부하는데 집안 형편이 어려워져서 여러 가지 아르바이트를 하느라 잠잘 시간도 없었지만, 잠자는 시간을 쪼개서 공부한 결과 시험에 합격하거나 좋은 학점을 얻었다면 열정이 바탕이 된 성취경험으로 제시해도 될 것이다. 학과나 동아리 행사가 참여 부족으로 폐지 위기에 처해 있을 때, 조직에 대한 애정이 각별하여 밤낮을 가리지 않고 사람들을 설득하고 행사를 홍보하는 것을 끝까지 포기하지 않았다면 열정적인 마음을 가진 것이라 할 수 있다. 게다가 행사가 취소되지 않고 좋은 평가까지 얻었다면 열정에 대한 성취경험이 될 것이다. 불행히도 행사가 취소되거나 참여가 저조했다고 하더라도 끝까지 포기하지 않음으로써 스스로 얻은 것이 많았다면 이 또한 성취를 한 것이다. 이러한 경험은 봉사활동이나 아르바이트에서도 찾을 수 있을 것이다.

| 창의성

요즘 창의성만큼 기업에서 중요하게 여기는 역량은 없을 것이다. 경쟁이 너무나도 치열하여 회사가 어려워지는 등의 문제들이 발생하고 있는데, 생존을 위협하는 심각한 문제들을 해결하기 위해서는 기존의 방식을 고수하면 안 된다. 남들이 생각하지 않는 새로운 방식이나 경쟁자들이 보지 못하는 블루오션을 찾기 위해서는 창의성이 필요하다.

창의는 창조와 다르다. 창조는 과거에는 전혀 없던 아주 새로운 것을 만들어 내는 것이다. 이는 신의 영역이다. 반면에 창의는 기존의 것들을 바탕으로 새로운 것을 만들어 내는 것이다. 따라서 창의는 사람의 영역이다.

창의적인 사람이 되는 것은 매우 어렵다. 왜냐하면 많은 사람이 학교에서 창의적인 교육을 제대로 받지 못했기 때문이다. 그저 부모님이나 선생님께서 시키는 대로 공부를 해왔고, 오로지 정해진 정답만을 찾아왔기 때문이다.

그러나 이제는 공부만 잘하고, 남이 시켜야 일을 시작하고, 남이 시키는 것만 성실히 수행하는 사람은 기업에서 살아남기 어렵다. 스펙보다는 자기소개서, 인적성검사, 그리고 면접을 통해 지원자의 역량과 성취경험을 보는 것은 문제를 해결해낼 수 있는 창의성이 중요해지면서부터였다. 창의성을 통해 다양한 역량들을 종합적으로 파악할 수 있기 때문이다. 창의적이려면 남들이 시키지 않아도 스스로 답을 찾으려는 노력이 필요하다. 창의적인 생각을 하려면 매사에 긍정적이어야 한다. 창의적인 해결책을 찾을 때까지는 무수히 많은 시행착오를 겪어야 한다. 그럼에도 이 과정에서 포기하지 않고 끝까지 매달리는 열정을 가진 사람이 결국 창의적인 해결책을 내놓는다. 조직에 대한 충성심이 없으면 불가능한 일이다. 특히 창의성은 위기상황에서 빛을 발하고, 그 결과 기적적인 결과를 만들어낸다.

네이버는 포털에 게임을 붙였고, 지식검색을 만들었으며, 싸이월드는 도토리를 제공했다. 과자는 맛으로 승부를 겨룬다는 고정관념을 뒤집어 재미있는 과자를 만든 회사는 위기를 극복했다. 과자에 따조를 집어넣어 아이들로 하여금 따조 모으는 재미로 과자를 사 먹게 한 아이디어는 정말로 기가 막힌 것이었다. 회사 홈페이지의 Q&A에 장난스러운 질문이 올라오면 당연히 관리자가 삭제한다는 고정관념을 과감히 무너뜨리고, 어떤 질문이 올라와도 직원들이 매달려 재미있게 답변을 해준 것은 오늘날의 세스코를 있게 만든 창의적 사고였다.

이러한 사례들은 모두 회사가 어려울 때 등장한 것이다. 열정, 충성심, 도전정신, 추진력 등이 없었다면 절대로 창의적인 사고를 할 수 없었을 것이다.

전공수업에서 제시된 과제를 기존과는 다른 시각에서 접근을 해보았다던가, 자신이 속한 조직에서 행사나 봉사활동들을 전개할 때 기존에는 없던 시도를 해보았다거나, 다른 곳에서 성공을 거둔 사례들을 접목하려고 노력해보았다거나 하는 등의 경험은 창의적이라 할 수 있다. 게다가 이러한 시도를 한 결과 주위에서 긍정적인 평가를 받았다면 성취를 이룬 것이다. 이제까지 이러한 경험이 없었다면 아직도 늦지 않았다. 지금이라도 주위를 둘러보자.

| 서비스 마인드

서비스 마인드 역시 신입사원이 갖추어야 할 매우 중요한 역량이다. 사무실에서 관리를 담당하는 업무는 서비스 마인드와는 관계가 없다고 생각할지도 모른다. 그러나 직원들 역시 내부고객이기 때문에 서비스 마인드는 업무와 상관없이 기본적으로 갖추어야 한다.

항공사나 호텔, 그리고 고객들과 접점에서 만나는 업종에 지원하는 사람들은 대부분 서비스업종에서 다양한 경험을 쌓았다는 것을 장점으로 내세운다. 그러나 다양한 서비스경험을 한 것만으로는 부족하다. 서비스업종에서 중요한 것은 서비스를 제공하고 스트레스를 받았느냐의 여부이다. 병원이나 상담소에서 스트레스로 말미암은 고

충을 상담하는 사람 중 가장 많은 사람이 서비스업종에 있는 사람들이라고 한다. 서비스를 제공하고 스트레스를 받으면 제대로 된 서비스를 제공하지 못하거나 얼마 버티지 못하고 이직을 해야 한다.

따라서 서비스를 제공하고 나서 기뻤거나, 뿌듯했거나, 만족스러웠거나, 행복해야 진정한 서비스 마인드를 갖췄다고 할 수 있다. 서비스를 제공한 후 행복했던 경험이 서비스 마인드와 관련된 좋은 성취경험이 될 수 있다.

이상 다섯 가지 역량 중에서 어떤 지원자는 충성심이 장점이라고 제시하고, 그 근거를 다음과 같이 자기소개서에 기재하였다.

학교 앞 분식집에서 아르바이트하는데 매상이 좋지 않아 사장님은 연일 한숨을 쉬었습니다. 저는 어떻게 하면 사장님의 한숨을 없애 드릴까 고민을 하다가 퇴근 후에 장사가 잘되는 식당들을 살펴보았습니다. 잘 되는 곳은 잘 될 수밖에 없는 이유가 분명히 있었습니다. 그러나 제가 일하는 곳처럼 작은 곳에서 실천할 수 있는 것은 거의 없었습니다. 그러던 와중에 신문에서 메뉴를 예쁘게 직접 손으로 썼더니 매상이 올랐다는 기사를 접하게 되었습니다. 저는 바로 문구점으로 뛰어가서 다양한 색깔의 도화지와 색연필을 샀고, 미대에 다니는 친구의 도움을 받아 아주 멋진 메뉴판을 완성하였습니다. 그 결과 다음 달 매상이 30퍼센트나 뛰었고, 사장님의 한숨은 사라졌습니다. 게

　퇴근 후까지 노력했다. 시키지도 않은 일인데 직접 나서서 해결책을 만들었다. 게다가 친구까지 동원해서 최고의 작품을 만들었다. 조직의 발전에 행복감을 느꼈다. 충성심뿐만 아니라, 적극성, 열정, 문제해결능력 등까지 뛰어나다는 평가를 받았다. 이런 사람을 어떤 조직이 좋아하지 않을 수 있을까? 당연히 최종 합격을 하였다.

생뚱맞은
장점을 내세웠다 [장점 2]

·

·

·

저의 첫 번째 장점은 리더십입니다. 초중고 시절 매번 반장을 하였으며 특히 고등학교 때는 학교 부회장을 지냈습니다. 대학교 때는 1학년 1학기 때 과대표를 하였고, ○○동아리 회장을 지냈습니다. 특히 동아리 회장을 지냈을 때, 동아리연합회에서 행사의 책임자가 되어 적극적으로 임하였고, 그 결과 전년도보다 참여 학생들이 30퍼센트나 증가하였고, 이 덕분에 주변 사람들로부터 좋은 칭찬들을 받았습니다. 장교였던 군 생활은 저의 리더십을 더 키워주었습니다.

리더십과 활발한 대인관계를 장점으로 내세웠다. 관련된 성취경험도 제시하였다. 크게 문제가 될 것이 없어 보인다.

문제는 이 지원자가 회계업무에 지원한 것이다. 회계업무는 온종일 자리에 앉아서 숫자와 관련된 업무를 한다. 활발히 다른 사람들을 만나거나 하는 경우는 거의 드물다. 만일 당신이 회계팀장이라면 이 사람을 뽑을까? 이 지원자는 회계팀보다도 영업팀이나 영업관리팀에서 더 선호하지 않을까? 이 지원자는 장점에 회계업무를 할 때 필요한 꼼꼼함, 치밀함, 숫자 감각, 차분함 등을 장점으로 내세웠어야 한다.

참 좋은 장점들을 가지고 있는 사람이다. 그러나 문제는 영업직에 지원했다는 것이다. 영업에서 일하기 위해서는 적극적이고, 도전적인 자세가 필요하다. 한 자리에 오래 머물러 있기보다는 외부에서 여러 사람과 만나야 하기 때문에 외향적인 성격이 더 잘 맞는다. 그 어떤 영업팀장이라고 하더라도 이 지원자를 합격시키지 않을 것이다.

장점은 지원한 기업이나 업무에 맞추어서 써야 한다. 안정성을 강조하는 사람은 절대로 벤처기업이나 새로운 도전을 시작하는 기업과는 맞지 않는다. 추진력, 도전정신, 적극성 등은 연구, 회계나 총무 등의 일반 관리, 비서 등과 같이 상대적으로 안정적이고 차분한 업무와는 맞지 않는다.

은행이나 일반 기업에서 회계나 자금 등의 업무에 지원하는 사람이라면 ‘정직’을 강조해야 한다. 돈과 관련된 일이기 때문이다. 충성심, 도덕성, 책임감 등도 강조해주면 좋다. 서비스직종에 지원하는 사람이라면 서비스 마인드, 감성, 대인관계능력 등을 강조해야 한다. 항공사 승무원에 지원하는 사람이 논리력을 강조해서는 안 된다.

증권사에 지원하는 사람이라면 분석력, 결단력, 책임감, 도덕성 등이 중요하다. 본인의 결정이 다른 사람의 인생을 좌지우지하기 때문이다. 특히 증권사 영업의 경우, 현장에서 느끼는 스트레스가 엄청나다. 고객의 돈을 투자한 결과가 좋지 않았을 때는 상당한 압박감을 느낄 수밖에 없다. 결과가 좋을 때도 마찬가지이다. 증권사에 근무하는 필자의 지인은 수익을 내주어도, 다른 주식에 투자했으면 더 많은 수익을 냈을 것이라며 따지는 고객들 때문에 스트레스가 이만저만이 아니라고 한다. 전직을 결심한 것도 수차례라고 한다. 따라서 스트레스관리능력, 위기관리능력, 끈기, 체력 등이 뛰어남을 강조해주는 것이 중요하다.

지원 기업이나 업무에 맞게 장점을 제시하지 못하면 생뚱맞은 자기소개서가 되는 것이다. 그렇다고 본인은 내성적인데 외향적인 성격이 맞는 업무에 지원하기 위해 장점을 꾸미거나 속이라는 것이 아니다. 자신의 장점이 지원 기업이나 업무에 잘 맞는지 철저하게 고민을 하라는 것이다. 서비스업종에 맞지 않는 사람이 업무가 멋있어 보인다고 무작정 지원을 하는 것은 기업을 위해서도 본인을 위해서도 좋지 않다. 합격하더라도 견디지 못해 그만둘 가능성이 크다는 것은 앞에서도 강조한 바 있다.

기업이 아닌 **봉사단체**에 지원하는 내용을 쓰고 설명만 하였다 [인생관·가치관]

제가 살아가는 데 있어서 가장 중요한 가치관은 '지킬 것은 반드시 지키자!'라는 것입니다. 이는 언제든지 기본이 된 사람이고자 하는 저의 의지입니다. 예의범절, 공중도덕 등을 지킬 줄 아는 기본이 된 사람만이 사회인으로서 자격이 있다고 생각합니다. 오로지 자신만의 관점으로 세상과 타인을 바라보거나 지식만을 내세우는 냉소적이고 이기적인 사람이 되기보다는 지혜와 현명함을 조화롭게 가지고 있는 이타적인 사회인이 되고자 노력합니다.

가치관이나 인생관 등을 쓰라고 하는 이유가 무엇일까? 인생관과 가치관을 따르고 있는 사람과 가지고 있지 않은 사람은 분명히 성과를 내는데 큰 차이가 있을 것이다. 명확한 가치관은 성공적으로 직장생활을 하는 데 있어서 든든한 힘이 되어 준다. 특히 힘든 일이 있을 때나 주저앉고 싶을 때나 잘 극복할 수 있도록 해주기도 한다. 그러므로 기업이 뚜렷한 인생관이나 가치관을 가진 사람을 선호할 수밖에 없다.

그렇다면 가치관이라는 항목에서 기업이 궁금해하는 것은 무엇일까?

가치관을 따르고 있는지도 중요하지만 그 가치관이 지원자의 삶에 어떤 영향을 미쳤고, 그 때문에 살아가는 과정에서 어떤 일들이 있었는지가 궁금할 것이다. 또한, 기업은 이를 바탕으로 지원자가 앞으로 입사했다고 가정했을 때 직장생활을 충실하게 잘해나갈 수 있는지, 기업의 목표 달성에 이바지할 수 있을지, 좋은 성과들을 낼 수 있을지 등의 여부를 판단할 것이다.

자기소개서의 내용을 보자.

'지킬 것은 반드시 지키자!'라는 가치관에 대해 이러쿵저러쿵 설명하고 있다. 가치관 때문에 어떤 일이 있었는지에 대한 내용이 전혀 없다. 가치관이 없었는데 자기소개서에서 쓰라고 하니까 만들어냈거나, 가치관은 있었지만 창고 속에 처박아 놓고 단 한 번도 꺼내 보지 않았거나, 가치관에 따라 살아본 경험이 한 번도 없었거나, 쓸 내용이 없으니 주저리주저리 이것저것 이야기하면서 칸을 채우느라 고생했을 것이다. 어쩌면 기업이 가치관을 통해 궁금해하는 것이 무엇인지 단 한 번도 고민해보지 않았을 수도 있고, 그냥 형식적으로 성의 없이 빈칸을 채웠을 수도 있다. 게다가 내용도 엉뚱하다.

'예의범절, 공중도덕 등을 지키는 기본이 된 사회인' '지혜와 현명함을 조화롭게 가지고 있는 이타적인 사회인'은 기업에 맞는 사람인가? 봉사활동에 맞는 사람인가?

기업이란 곳은 생존하기 위해 치열하게 고민하면서 매일매일 전쟁을 치르듯이 살아가는 집단이다. 비난이 쏟아질 것을 알면서도, 줄어드는 매출을 끌어올리기 위해 '통 큰 치킨이나 햄버거'도 팔아야 한다.

롯데마트는 왜 통 큰 치킨을 팔았을까? 욕먹는 것을 전혀 예상치 못했을까? 치킨이나 햄버거를 팔아서 떼 돈을 벌려는 생각이었을까? 한 신문기사의 분석으로는 대형마트들은 줄어드는 매출 때문에 고민이 많다고 한다. 왜냐하면 대형마트에 오던 주부들이 최근에는 부쩍 줄었기 때문이다. 쇼핑을 위해 차를 타야 하고, 주차를 위해 몇 바퀴를 돌아야 하는 등의 불편함을 감수하지 않아도, TV 홈쇼핑이나 온라인 쇼핑몰을 통해 웬만한 것들은 편리하게 구매할 수 있다. 대형마트와 경쟁하기 위해 그보다 규모가 적은 슈퍼마켓들은 생필품 배달서비스를 시작하였다. 게다가 대기업 횡포에 대항한다는 소비자운동도 활발하다. 재래시장을 이용하자는 캠페인도 등장하였다. 한 일간지는 〈와이즈맘의 전통시장 활용법〉이라는 시리즈 기사를 내면서 '대형마트 1+1보다 저렴'이라는 제목을 대문짝만 하게 내세우면서 활짝 웃는 주부의 얼굴까지 보여준다.

대형마트들은 안팎으로 불어 닥치는 위기에 대응하기 위해서는 어쩔 수 없다. 욕을 먹더라도 살아남기 위해 통 큰 치킨을 팔아 집 안에 있는 고객들을 매장으로 나오게 해야 한다. 그러고는 이왕 나온 김에 가능한 한 더 많이 사가도록 해야 한다.

2010년 월드컵 생중계를 놓고 SBS는 왜 MBC와 KBS의 뒤통수를 쳤을까? KBS나 MBC가 법적으로 소송하리라는 것을 전혀 몰랐을까? 사회적으로 문제가 되고, 많은 사람으로부터 비난을 받으리라는 것을 전혀 예상치 못했을까? 분명히 이 모든 것들을 다 알고 있었고, 예상하고 있었을 것이다. 그렇다면 왜 SBS는 이 불편한 모험을 감수해야 했을까?

지난해 NHN은 KBS와 SBS를 합한 것보다 더 많은 광고 매출을 달성했다. 방송국 처지에서는 과거 자신들의 몫이었던 시장의 상당수를 막강한 경쟁자에게 고스란히 내준 것이다. 당연히 방송국은 비상일 것이다. 광고 매출의 하락은 기업 가치까지 하락시킬 것이다. 이는 생존과도 직결되는 문제이다. 결국 SBS 경영진들은 월드컵 기간 불편함을 감수할 수밖에 없지만, 광고 매출을 극대화하는 고통스러운 가시밭길을 선택했을 수밖에 없었을 것이다.

이처럼 기업들은 치열하게 살아가고 있다. 생존을 위해 비난도 감수하고, 소송이라는 불편함도 감수한다. 가시밭길이라는 것을 뻔히 알면서도 피를 흘려야 살아날 수 있다면 과감히 피를 흘린다. 이처럼 치열한 전쟁터에서 일하겠다는 사람이 '공중도덕' '예의범절' '이타적인 사회인'을 운운한다면 어떤 기업이 좋아할까? 다음 사례를 보자.

'슈퍼맨을 꿈꾸다.'
초등학교 6학년 때 부모님의 손을 잡고 극장에 가서 본 영화의 주인공, 슈퍼맨. 그때부터 저의 꿈은 '슈퍼맨 같은 남자'가 되는 것이었습니다. 그다음부터 바로 슈퍼맨처럼 살기 위한 실천에 돌입하였습니다. 그것은 바로 어려운 상황에 부닥친 친구 돕기, 심한 괴롭힘을 당하는 친구 구해주기, 운동 열심히 해서 멋진 몸매 만들기, 공부 열심히 해서 슈퍼 성적 얻기, 부모님 말씀 잘 듣기, 뭐든지 솔선수범하기 등이었습니다. 지금 와서 돌이켜보면 '어린 녀석이 별생각을 다 했었구나'라는 생각에 웃음이 나오기도 하지만, 주위에서 '공부 잘하고, 운동 잘하고, 놀 때는 전력을 기울이고, 의리 있고, 인정 많고, 솔선수범하는' 사람이라는 평가를 받는 사람으로 성장할 수 있었던 것은 다 그때의 꿈과 그 꿈을 실천하려는 노력 때문이라는 것을 말씀드리고 싶습니다.

가치관이라고 해서 심각하지도 않고, 최근의 일도 아니다. 아주 어렸을 때 경험을 내세워서 다소 유치해 보이기도 하지만, 자신의 가치관에 따라 충실히 살아오면서 있었던 일들을 적극적으로 내세웠고, 긍정적인 평가를 받은 성취까지 보여주었다. 치열한 기업 환경 속에서 적응도 잘할 것 같고, 일도 적극적으로 잘할 것 같다. 영업에 지원한 이 지원자는 최종 합격을 하였다.

꾸미거나
두루뭉술 넘어가려고 하였다 [단점]

·

·

·

지난봄, 서울에 있는 D 대학교에서 취업컨설팅을 진행했을 때의 일이다. 한 여학생이 상담실에 들어와서는 한숨부터 쉬었다. 그러면서 꺼낸 말은 이랬다.

"도대체 단점을 어떻게 써야 해요? 아니다. 어떻게 꾸며야 인사 담당자가 좋아할까요?"

필자는 깜짝 놀랐다. "꾸며요?"

"네, 꾸며요. 합격만 할 수 있다면 꾸미기라도 해야 하는 거 아닌가요?"

이 학생의 마음을 이해한다. 얼마나 취업이 힘들면 없는 사실을 만들어서라도 합격을 하겠다는 것일까? 하지만 아무리 답답해도 없는 사실을 만들어서는 안 된다. 왜냐하면 기업은 지원자의 인성을 보다 정확하고 자세히 파악하려는 방법들을 가지고 있다. 특히 인적성검사 등과 같은 진단도구를 통해 지원자의 진실성을 파악하기 때문에 조금이라도 없는 사실을 꾸미거나 거짓을 말하는 것은 탈락으로 가는 지름길이다. 물론 이러한 사실을 잘 알고 있는 지원자들은 있는 그대로를 표현하기 위해 온 정성을 쏟고 있다.

그러나 단점은 꾸밀 수 있다고 생각하는 지원자들이 꽤 있는 것 같다. 특히 자신의 단점이 평가에서 불리하다고 생각되면 이를 가리거나, 다른 사람들의 자기소개서를 참고 해서 괜찮다고 생각하는 내용을 쓰거나, 두루뭉술 대충 넘어가려는 모습들을 자주 보아왔기 때문이다.

이 여학생은 호텔리어가 되고 싶어 하는데, 다른 사람들 앞에서 수줍음을 많이 타는 것이 단점이라고 했다. 고객들과의 접점에서 다양한 고객들을 만나야 하는 호텔리어에게 수줍음을 타는 것은 치명적인 단점이다. 그러니 당연히 단점을 다른 걸로 만들려고 했을 것이다. 그것도 뽑는 쪽에서 구미에 당기게 말이다.

"정말로 그런 단점을 가지고 있다면 호텔리어가 되도 잘 적응하지 못할 것 같은데요."

"일단 합격하면 스피치학원도 다니고 그러면 되죠. 그리고 입사하면 교육도 받을 테고, 일하다 보면 좋아지겠죠."

그러고는 고민을 아주 많이 하고 작성한 것이라면서 다음과 같은 내용을 보여주었다.

하지만 모든 것을 완벽하게 마무리 지어야 하는 성격으로 어떠한 일을 할 때 다른 사람들에게도 꼼꼼한 처리를 요구합니다. 그래서 가끔은 다른 사람들에게 깐깐한 사람이라는 소리를 듣긴 하지만, 모든 일을 마무리한 후에는 저의 꼼꼼함으로 일을 잘 처리했다고 칭찬을 듣습니다. 저는 사람의 성격이 어느 장소 어느 상황이냐에 따라 장점도 될 수 있고, 단점도 될 수 있다고 생각합니다.

도대체 뭐가 장점이고 단점인지 알 수가 없었다. 게다가 사람의 성격이 상황이나 때에 따라서 장점도 될 수 있고, 단점도 될 수 있단다. 명확하지도 않다. 스스로 단점이라고 말한 수줍음 타는 것은 아예 들어가 있지도 않다. 결국 거짓말을 한 것이고, 장점이자 단점이라고 하면서 두루뭉술 넘어가 버렸다. 과연 이런 사람을 기업에서 뽑고 싶을까? 단언컨대 이런 사람을 뽑는 기업은 없다. 입사 후에 거짓 보고를 수시로 할지도 모르고, 작은 실수를 덮어두었다가 더 큰 실수를 만들지도 모르고, 자신의 잘못을 다른 사람한테 떠넘길지도 모르고, 잘못을 인정하지 않고 핑계만 둘러대면서 책임을 회피할지도 모른다.

기업은 부족한 점을 숨기고 없는 내용을 꾸며내라고 '단점'이라는 항목을 만들었을까? 취업에 불리하면 거짓말도 서슴지 말라고 단점을 쓰라는 것일까? 절대로 그렇지가 않다. 진정으로 단점이 무엇인지 궁금해서 물어보는 것이다. 단점을 솔직하게 인정하는 '정직'과 '용기'를 기대한다. 그렇다고 꼬투리를 잡아서 떨어뜨릴 구실을 찾는 것은 아니다. 단점을 제대로 파악하고, 그것을 극복하는 노력을 해왔는지를 궁금해한다. 그래서 입사하여 업무를 맡게 될 때까지는 현재의 단점이 극복되어 있게 되기를 바란다. 기업은 항상 단점을 찾아내 극복해냄으로써 진일보해나가는 조직이기 때문이다.

두려워하지 말고, 단점을 있는 그대로 인정하자. 그러고는 이를 극복하기 위해 이미 실천에 옮기고 있는 노력을 써보도록 하자. 이 여학생의 경우라면 '합격을 시켜주면 스피치학원에 다니겠다'가 아니라, '단점을 극복하기 위해 이미 이전부터 스피치학원도 다니고, 발표 위주의 수업들을 적극적으로 듣고 있습니다'가 되어야 한다. 즉, 합격을 위해 먼저 실천하고 노력하고 있음을 보여주도록 하자. 다음의 내용처럼 말이다.

해야 할 일이 있으면 바로 결정하고 행동으로 옮기는 빠른 결단력과 추진력이 있습니다. 이는 학과 회장을 역임했을 때 큰 힘이 되기도 했지만, 가끔 세세한 부분을 놓쳐 실수로 이어지기도 했습니다. 학과

학술제 진행 시, 각종 프로그램의 진행시간을 잘못 계산하여 아쉬웠던 적이 있었습니다. 같은 실수를 반복하지 않도록 행동하기에 앞서 미리 계획표를 작성하고 전체적인 일의 흐름을 파악하는 습관을 키우고 있습니다.

'자신의 잘못에 대해서는 그럴 수도 있지'라고 생각하면서 타인의 작은 실수에는 크게 화를 내는 배려심 부족과 자기중심적인 생각이 제 단점입니다. 이를 극복하기 위해 작년부터 '자신에게는 엄격하고 타인에게는 관대한 사람이 되자'를 생활신조로 삼고, 그와 같은 행동을 개선하고자 노력하고 있으며, 주위 사람들로부터 많이 좋아졌다는 평가를 받고 있습니다.

제 단점은 성격이 급하다는 것입니다. 무엇이든 빨리 처리하는 것을 좋아하고, 일을 성급하게 추진하다 보니 실수를 하는 경우도 종종 생깁니다. 그래서 행동으로 옮기기 전에 한 번 더 신중하게 생각해보고, 조금 더 차분해지기 위해 바둑을 배우고 있습니다.

사랑하지도 않는 사람에게 보낼 연애편지를 썼다 [지원동기]

·
·
·

학창 시절 누구나 연애편지를 써보았거나 받아보았을 것이다. 연애편지는 사랑하는 특정한 대상이 생긴 후에 쓰게 된다. 사랑하는 사람이 생기지도 않았는데, 미리 써놓는 것은 말도 안 된다. 사랑하는 사람 덕분에 심장이 두근거리고, 머릿속에 온통 그 사람으로 가득 차 있어야 비로소 연애편지가 작성되기 시작되는 것이기 때문이다. 똑같은 내용을 열 통 정도 준비해 놓고, 상대방이 누구든지 연인이 될 때마다 한 통씩 나누어주는 장면은 코미디 영화에서나 나올 법한 이야기이다.

사랑하는 사람이 생겼다고 치자. 이 뜨거운 마음을 편지에 다 담아야 한다. 온갖 정성을 기울여 쓰지 않으면 마음을 다 표현할 수 없다. 터질 듯한 가슴을 주체할 수가 없다. 밤새 써내려 간다. 만족스럽지 않다. 찢어 버린다. 그리고 다시 쓰기 시작한다. 어느새 동이 튼다. 언제 이렇게 시간이 갔는지도 모르겠다. 시험공부를 하기 위해 지새우는 밤은 피곤하기만 했는데 아무렇지도 않다. 행복한 마음뿐이다. 아침을 먹고 세수를 한 후 뜬 눈으로 쓴 편지를 다시 읽어 본다. 이런 너무나도 유치하다. 찢어 버린다. 밤이 된다. 편지지 앞에서 끙끙거린다. 그러기를 벌써 일주일 째…….

이렇듯 정성스럽게 쓴 연애편지는 아무리 내용이 유치하더라도 받는 사람으로서는 편지를 쓴 사람이 자신을 얼마나 애절하게 사랑하는지 절절하게 느끼게 될 것이다. 베껴 써서 기가 막히게 잘 쓴 내용은 '선수가 아닐까?' 의심의 눈초리를 보낼 것이다. 마음을 다해서 써야 마음을 얻을 수 있다.

한 남자가 있다. 결혼이 너무나 하고 싶다. 그러나 사랑하는 사람은 없다. 결혼 상대자로서 괜찮다 싶은 사람은 몇 명이 있다. 그 남자는 편지를 쓰기 시작한다. 결혼하고 싶으니까 만나보자고. 과연 읽는 사람의 마음이 움직일까? 아마 이렇게 생각할지도 모른다.

'이 사람은 나를 사랑하지 않아. 단지 결혼을 하고 싶은 거야. 굳이 내가 아니어도 될 것 같아. 다른 사람들한테도 같은 내용의 편지를

보냈겠지? 내가 거절해도 상처받지 않겠지? 거절해야지.'

여자가 남자에게 물었다. 왜 자기를 좋아하느냐고. 남자는 답했다.

과연 이 남자는 여자의 마음을 움직였을까?

한 사람이 있다. 이 사람은 취업을 하고 싶다. 물론 간절히 입사하고자 하는 기업은 특별히 없다. 인사 담당자가 묻는다. "왜 입사하고 싶으냐고?"

이 사람은 대답한다.

과연 이 사람은 합격했을까?

지금 수많은 취업 준비생은 사랑하지도 않으면서 단지 결혼을 하고 싶어서 여러 사람에게 연애편지를 쓰고 있다. 입사하고자 하는 간절한 열망은 없지만, 되도록 좋은 곳에 취업하겠다는 마음으로 자기소개서를 쓰고 있다. 그저 취업하겠다는 것 이외에는 특별히 다른 이유는 찾지 못하면서 자기소개서의 지원동기를 쓰고 있는 것이다. 그러면서 이들은 항상 불평한다. 지원동기 쓰기가 왜 이리 어려우냐고.

당연히 어려울 수밖에 없지 않겠는가? 사랑하지 않으니 관심도 없다. 상대방이 무엇을 좋아하고 어떤 고민이 있는지 궁금하지도 않다. 입사하고자 하는 열망이 없으니 그 기업에 대한 관심도 없다. 지원하는 기업의 특성이 무엇인지, 어떤 사람을 좋아하는지, 고민이 무엇인지 알 턱도 없고 궁금해하지도 않을 것이다. 그러면서 취업해야겠으니까 억지로 지원동기를 쓰는 것이다. 업종, 업계 순위, 담당하게 될 업무, 적성 등과 관계없이 여기저기에 지원하다 보니 당연히 지원동기를 쓰기가 어려운 것이다.

그러다 보니 몇 날 며칠밤을 지새워가면서 자기소개서를 쓰지도 않고, 다른 사람에게 써달라고 하거나 남들이 쓴 것을 베끼게 되는 것이다. 회사에 상관없이 똑같은 내용을 여러 장 써놓고, 지원 회사명만 바꾼 채로 지원하는 것이다.

결국 다음과 같은 흐리멍덩한 지원동기가 탄생하게 되는 것이다.

> 세계 **초**일류를 지향하고, ○○산업 분야에서 국내 **최**고의 입지를 차지하고 있는 귀사에서 **최**고의 인재가 되기 위해 지원하게 되었습니다.

일명 '초 · 최 · 최' 자기소개서라는 것이다. ○○에 해당하는 부분만 바꾸면 어떤 회사든 지원할 수 있게 되어 있다. 탈락시켜도 별로 상처받을 것 같지 않다. 기업은 눈곱만큼의 고민도 없이 탈락시킨다.

위 지원동기는 기업으로 하여금 '중국과 관련된 업무를 하고 싶은 마음'은 전해주지만, '중국에서 일하는 것을 다른 회사도 아니고, 굳이 지원하는 기업에서 일하고자 하는 마음'은 하나도 나와 있지 않다. 게다가 지원 기업에 '기여'하고자 지원하는 것이 아니라, 중국에서 업무를 배우고 문화를 이해하며, 생활하기 위해 지원을 한다고 썼다. 기업이 학교나 문화원도 아니고, 단순히 생활하고자 하는 사람의 터전이 되어주는 곳도 아니다. 이런 지원동기로는 절대로 합격할 수가 없다.

"아무리 그래도 그렇지, 지원동기 하나 잘못 썼다고 기업이 속 좁게 탈락시키겠어요?"

취업 특강 중 한 학생이 필자에게 한 질문이다. 필자의 대답은 '그렇다'이다. 기업은 속이 좁다. 왜 속이 좁을까?

기업은 '채용실패' 때문에 골치가 아프다. 이것은 말 그대로 채용에 실패하는 것이다. 합격시킨 사람이 입사하지 않는 것이다. 합격발표를 하고 합격자들을 한 장소에 모이도록 하면 오지 않는 사람이 한둘이 아니다. 국내 대기업은 평균 10퍼센트 정도는 오지 않고, 많을 때는 이 수치가 30퍼센트를 넘긴다. 즉, 1백 명을 합격시키면 열 명에서 서른 명은 입사하지 않는다는 것이다. 중소기업은 말할 것도 없다.

'안 오면 또 뽑으면 되지'라고 대수롭지 않게 생각할지도 모르겠지만, 대기업에서 공채를 통해 신입사원을 뽑는 작업은 최소 3개월에서 길게는 6개월이나 걸리는 대규모 프로젝트이다. 현장 부서들에 몇 명을 뽑아줄지 파악해야 하고, 서류전형을 통한 1차 문턱을 높일 것인지 낮출 것인지, 아예 서류전형을 하지 않을 것이지 결정해야 한다.

또한, 면접에서 쉬운 질문을 할까 어려운 질문을 할까 결정해야 하고, 30분 만에 면접을 끝낼 것인지, 합숙면접을 할 것인지, 채용공고는 어디에 낼 것인지도 결정해야 한다. 그리고 서류를 신청받고, 면접을 통해 합격자를 발표하는 데까지 엄청난 시간이 소요된다.

또 비용은 얼마나 들까? 한 채용전문 포털업체에서 국내 상장사들을 대상으로 조사한 바로는 채용비용은 1인당 2백만 원을 넘는다고 한다. 결국 합격자가 입사하지 않으면 기업은 엄청난 시간과 돈을 들여 다시 뽑아야 한다. 손실이 이만저만이 아니다.

지원자 중에는 상당수가 시험 삼아 원서를 내는 때도 있고, 여러 군데 동시에 합격을 하는 때도 있다. 합격하면 마음이 바뀌는 사람도 있다. 입사하고 나서 1년도 안 되어 그만두는 사람들도 부지기수이다.

기업 처지에서는 이러한 사람들을 골라내야 한다. 그래야 채용실패에 따른 손실을 막을 수가 있다. 그렇다면 채용실패를 당할 사람들을 골라낼 방법은 무엇일까? 당연히 자기소개서를 철저하게 파악하고, 그중에서도 지원동기에 관심을 기울일 수밖에 없다.

상황이 이런데 어느 회사나 통할 수 있는 지원동기를 쓸 것인가? 홈페이지에 나온 회사의 비전을 보고 '기업의 비전과 나의 비전이 맞는다'는 식의 누구나 쓸 수 있는 내용을 쓸 것인가? 최근 나온 기사 몇 줄을 보고 '발전하는 모습이 마음에 든다'는 지원동기를 쓸 것인가?

아시아나항공사에 지원하면서 아시아나항공사의 서비스를 한 번도 받아보지도 않고, 신한은행에 지원한다면서 하나은행 통장을 가지고 있고, 하나은행에 지원한다면서 하나은행 지점에 가본 적도 없고, 코레일에 지원한다면서 KTX 한 번 타본 적도 없고, SK텔레콤에 지원한다면서 호주머니에는 KT 휴대전화기가 들어 있는 사람이 될 것인가?

일부러 시간을 투자해서 지원하는 기업의 서비스를 받아보고, 본사나 지점을 방문해보고, 그곳에 다니는 직원을 단 한 번이라도 만나보고, 지원하는 기업과의 개인적인 인연을 찾아보고 나서 지원동기를 작성하기 바란다.

취업 재수생 C 군은 지원하려는 기업의 5개년간 재무제표를 살펴보았다. 그러던 와중에 유독 2009년에 매출이 눈에 띄게 하락한 것을 알게 되었다. 그 이유가 뭔지 너무 궁금해서 온종일 도서관에 처박혀서 당시의 신문기사를 찾아보았다. 매출 하락의 원인을 알게 된 C 군은 이 기업에 지원해야 하는 명확한 동기를 찾을 수가 있었다. 자신이 가진 스펙과 역량을 통해 다른 기업이 아닌 바로 이 기업에서 가장 크게 이바지할 수 있을 것이라는 확신이 든 것이다.

취업 삼수생 K 군은 입사하고 싶은 기업이 있었는데, 아무리 생각해도 자신과의 인연을 찾을 수가 없었다. 고민하던 K 군은 그 기업의 창업주 자서전을 읽게 되었다. 그 결과 창업주를 진심으로 존경하게 되었다. 존경하는 사람이 세운 기업에서 청춘을 바쳐 일하고 싶지 않은 사람이 있을까? K 군은 지원하는데 뚜렷한 명분이 생기자 뛸 듯이 기뻤다. 그러고는 다음과 같은 지원동기를 작성하였다. 결과는 합격이었다.

귀사는 30년 전부터 우리나라 경제 발전을 위해 큰 역할을 해왔고, 지금은 그 비중이 너무나 크며, 앞으로 더 오랫동안 더 많은 이바지를 해야 할 것으로 판단했습니다. 귀사의 창업주인 고 ○○○ 회장님은 저에게 이런 확신을 하게 해주신 분으로 제가 가장 존경하는 인물입니다. 가장 존경하는 분이 쌓아놓은 터전에서 자신의 능력을 쏟고, 그 터전을 더 넓히는 데 이바지하는 것이 한 개인에게 얼마나 큰 영광일까요? 저는 현장영업업무를 담당하고 싶습니다. 제가 가진 자질,

즉 끈기, 긍정적인 마인드, 표현력, 전문가정신, 대인관계 유지능력, 책임감 등은 영업에 필요한 역량과 일치한다고 생각합니다. 또한, 앞으로 훌륭한 경영자가 되기 위해서는 젊었을 때 현장에서 쌓은 경험이 반드시 필요하다는 생각도 이 분야에서 일하고 싶은 중요한 이유 중의 하나입니다. 귀사의 가족이 될 수 있기를 간절히 기원합니다.

무조건
열심히 한다고만 하였다 [포부]

이제 귀사에서 성실과 근면함으로 인정받고 끊임없는 자기계발을 통해 항상 발전하며 실력으로 승부하고 싶습니다. 또한, 기회만 주신다면 제가 갖춘 모든 능력을 꼭 발휘하고 싶습니다.

물론 입사 후에 더 배울 것이 많을 것입니다. 실수도 있을 것이고 힘든 것도 있겠지만, 우물 안 개구리가 되기보다는 우물을 뛰쳐나가는 개구리가 되겠다는 마음가짐으로 그저 진취적인 자세로 임하겠습니다. 회사에 들어가서는 스스로 일을 찾아 하려고 노력할 것이고, 노하우가 쌓이면 더욱더 저를 발전시켜 보다 큰일에 쓰일 수 있도록 하겠습니다.

포부라는 항목에 많은 사람이 위와 같은 내용을 써온다. 이 내용을 간단히 요약해보면 '입사 후 성실과 근면함으로 끊임없이 배우고, 스스로 알아서 일을 찾아 할 것이고, 시간이 지나면 더 큰 일에 쓰이는 사람이 될 것이다'라는 내용이다.

과연 이런 포부는 좋은 평가를 받을까? 절대로 그렇지 않다. C 군은 포부의 뜻이 무엇인지 전혀 모르고 썼다. 일단 포부의 사전적인 의미부터 살펴보자.

포부抱負
[명사] 마음속에 지니고 있는, 미래에 대한 계획이나 희망

사전적 정의에 의하면 포부는 '미래에 대한 계획이나 희망'이라고 한다. 당신의 포부는 무엇인가? 5년 후, 10년 후, 20년 후 당신의 미래는 어떻게 되었으면 좋겠는가? 미래에 당신은 어떤 위치에서 회사에 어떻게 이바지를 하면서 살고 있을까? 그 결과 얼마나 풍요롭고 행복하게 살고 있을까? 이런 내용을 상상만 해도 가슴이 두근거리지 않는가?

당신이 지원하는 기업에서 5년 후나 10년 후 가슴 두근거리면서 하는 일이 끊임없이 배우고 있고, 스스로 알아서 일을 찾아 하는 모습이고, 더 큰 일에 쓰이는 사람이 될까? 이것들은 직장인으로서 입사하자마자 당장 수행해야 하는 기본적인 사항들 아닐까? 계속 배우고, 일을 찾아 하는 모습을 상상하면 행복해서 가슴이 두근거리는가?

"큰 일에 쓰인다고 하잖아요."

이 글을 쓴 C 군이 필자에게 한 말이다. 겨우 자신의 미래가 이 한마디로 정리되는가? 게다가 큰 일에 쓰이고 싶다는 투의 이야기는 누구라도 쓸 수 있는 지극히 평범한 말이다. 도대체 어떤 직책에서, 어떤 측면에서, 구체적으로 어느 정도의 실적을 내면서 크게 쓰인다는 것일까? 이 정도로 세부적이고 구체적으로 상상하는 해보는 것이 지원 기업에 대한 예의 아닐까? 무조건 배우고, 익히고, 스스로 일하고, 결국 큰 일에 쓰일 테니까 믿어 달라는 투의 말은 너무나 성의 없는 것 아닐까?

한 남자가 한 여자에게 청혼한다. 여자는 묻는다.
"결혼하면 저를 어떻게 행복하게 해주실 건데요?"
남자가 대답한다.
"무조건 열심히 하겠습니다. 항상 온 정성을 쏟고요. 결국 ○○ 씨에게 크게 도움이 되는 사람이 되겠습니다."
이 말을 들은 여자는 크게 실망할 것이다.
"도대체 뭐예요. 무조건 열심히만 하겠다니. 저와의 행복한 미래를 상상해보지도 않으신 거예요? 청혼은 거절하겠어요."

　기업도 이와 마찬가지이다. '당신을 뽑아주면, 회사에 구체적으로 언제, 어디서, 어떻게 이바지할 것이며, 그 결과 당신은 어떤 사람으로 성장해 있는지, 그 덕분에 행복할 것인지, 그리고 이를 이루기 위한 당신의 구체적인 계획이 있는지, 있다면 무엇인지'를 묻는 것이다.
　결국 기업이 포부를 쓰라고 하는 것은 주먹을 불끈 쥐는 업무자세와 의지가 궁금해서가 아니라, 가슴이 두근거리는 상상을 해보았는지를 묻기 위함이다. 미래에 대해 구체적으로 즐거운 상상을 해본 사람과 해보지 않은 사람은 큰 차이가 있기 때문이다. 즐거운 상상을 해보지 않은 사람은 힘든 일이 있으면 금방 그만두리라는 것을 잘 알기 때문이다. 해본 사람은 아무리 힘든 일이 있어도 함께 고통을 나누고, 극복을 위해 온 힘을 다하며, 그 결과 훌륭한 경영자로 성장할 가능성이 크다는 것 또한 잘 알기 때문이다.
　포부를 다음과 같이 써보는 건 어떨까?

20년 후를 상상해 보았습니다. ○○은행의 자산관리전문가가 되어 있는 저의 모습이 그려집니다. 우리나라 사람들의 평균 수명은 점차 길어지지만 은퇴 시기는 점점 짧아지고 있습니다. 이제 월급과 퇴직금만으로 은퇴 후의 삶까지 준비하는 것이 어려워지고 있습니다. 적절한 투자와 저축을 통한 자산관리만이 건강하고 행복한 인생을 살

수 있는 시대가 온 것입니다. 현재 은행에서 제공하는 자산관리 서비스로 Private Banking 서비스가 있지만, 부유층들만을 대상으로 하고 있습니다. 앞으로 자산관리 서비스는 모든 계층으로 확대되어야 하며, 은행이 주도적인 역할을 할 것으로 생각합니다.

만일 ○○은행에 입사된다면, 기업여신업무부터 시작하여 은행의 모든 업무를 두루 경험하여 자산관리전문가가 되기 위한 풍부한 현장경험을 쌓고 싶습니다. CFP 자격증도 필요할 것으로 판단하여 작년말부터 준비하고 있으며 3년 안에 취득을 목표로 하고 있습니다. 경제신문을 꾸준히 구독할 것이며, 다양한 분야의 책들을 읽어나가도록 하겠습니다. 또한, 최고가 되기 위해서는 기본적으로 건강해야 한다고 생각합니다. 이를 위해 매일 새벽 피트니스 센터에서 운동하고 있으며, 주말에는 친구들과 등산을 하는 등 앞으로도 꾸준하게 건강관리를 할 것입니다.

트렌드에
너무 민감했다

취업 컨설팅을 할 때 한 학생이 푸념을 했다.

"포부를 쓰기가 어려워요. 좋은 사례 있으면 보여주세요."

필자는 참고하라고 실제 합격자의 자기소개서에서 발췌하여 다음의 예문을 보여주었다.

> 7년 후, 저는 유럽의 미개척 국가에서 신규제품영업을 담당합니다. 그곳에는 세계적인 기업들이 치열하게 경쟁하고 있습니다. 이들이 이 나라에서 사활을 거는 이유는 이곳이 유럽 전체의 판도를 결정할 수 있을 것이라는 분석 때문입니다. 저는 영업담당자로서 이들

과 한 판 승부를 가립니다. 초기에는 고전을 면치 못했지만 몇 년 전부터 현지에 형성해 놓은 휴먼 네트워크, 마케팅 및 영업 정보, 본사의 전략적 지원 등을 바탕으로 서서히 시장을 장악해 나가기 시작합니다.

그로부터 3년 후 현지에서 1위로 등극하고, 저는 그 공로를 인정받아 승진합니다. 저는 기쁜 마음에 들떠 전화기를 듭니다. 그리고 아내에게 말합니다. "여보 드디어 해냈어."

축하를 해주는 아내의 목소리가 들려 옵니다. "당신, 장해. 해낼 줄 알았어." "만세! 우리 아빠 최고!!!"

아내의 목소리 뒤로 사랑스러운 아이들의 목소리가 들려 옵니다. 그날 저녁 저는 가족들과 근사한 식당에서 조촐한 축하 파티를 엽니다.

글을 읽어본 이 학생의 말은 이랬다.

"에이, 이거 스토리텔링 형식으로 쓴 거잖아요. 예전에는 통했을지도 모르지만 요즘은 이거 안 통한대요. 과거 추세죠. 인사 담당자들이 이제는 스토리텔링으로 쓴 내용을 싫어한다던데요."

도대체 어디서 들은 이야기인지 오해를 해도 한참 오해를 하고 있다. 도대체 자기소개서를 쓰는데 형식은 뭐고 트렌드는 뭘까? 입사하고자 하는 열정을 표현하는데, 자신에게 가장 잘 맞고, 열정을 가장 잘 나타내는 방법이라면 그것이 스토리텔링이든 아니든 상관없이 활용해야 하는 것 아닐까? 이 학생 말대로라면 기업의 인사 담당자들이 "앗! 스토리텔링 방식이다. 지금은 이 트렌드가 아닌데. 지원자의 스펙이나 역량이나 아주 마음에 들지만 트렌드를 따르지 않고 썼으므로 합격시키지 말아야지" 또는 "앗! 스토리텔링 방식이다. 지금 이 트렌드가 유행인 걸 어떻게 알았지? 스펙이나 역량이나 전혀 마음에 들지는 않지만, 트렌드에 충실했으므로 합격시켜야지"라고 생각한단 말인가?

'언즉신실 행필정직言卽信實 行必正直, 말은 미덥고 착실해야 하고 행동은 반드시 정직해야 한다.'
제가 삶의 지침으로 삶고 있는 말입니다. 사람이 삶의 지침으로 삼아야 하는 덕목들은 여러 가지가 있겠지만, 정직을 최고로 하는 이유는 부모님의 영향 때문입니다. 부모님께서는 교육자로서 30년이 넘도록 교직에 몸담고 계시면서 항상 모범적인 삶을 사시기 위해 온 힘을 다하고 계십니다. 모범적으로 사는데 가장 중요한 가치는 '정직'이라고 저희에게 가르쳐 주셨으며, 지금도 이를 몸소 실천하고 계십니다. 부모님께서 강조하신 또 하나의 덕목은 '자기자신보다는 상대방의 처지에서 타인을 배려하라'는 것이었습니다. 인생에서 성공하는 데 있어서 가장 큰 재산은 사람인데, 많은 사람을 얻으려면 타인에 대한 배려라는 말씀이셨습니다. 정직과 배려심위 사례도 오해를 사고 있는 것 중 하나이다.

이 글은 첫머리에 제목을 붙였다. 이를 보고 제목을 붙이는 것을 '트렌드이네, 아니네' 하는 오해를 하는 사람들도 많다. 만일 기업에서 제목을 붙이지 못하게 한다면 몰라도 자신의 열정을 표현하는데, 적절한 제목을 붙이는 것이 가장 효과적이라고 생각한다면 과감하게 붙이는 것도 좋은 방법이다. 잘만 붙이면 읽는 사람의 관심을 끌 수 있는 장점이 있다. 제목은 스스로 만들 수도 있지만 고사성어나 격언을 사용하는 것도 좋다.

제목과 관련하여 한 가지 질문을 하고자 한다. 답은 스스로 찾아보기 바란다. 산더미 같은 자기소개서를 읽느라 인사 담당자들의 수고는 이만저만이 아니다. 몇 날 며칠을 자기소개서 읽느라 담당자의 심신은 매우 피곤한 상황이다. 그러나 운이 없게도 당신의 자기소개서는 맨 밑에 있다. 과연 당신이 표현하고 싶은 핵심사항을 맨 밑에 써야 할까? 맨 위에 써야 할까? 핵심내용을 표현하는데 문장이 좋을까? 적절한 제목이 좋을까?

컨디션이 안 좋을 때
자기소개서를 썼다

•

•

•

다음은 한 학생이 쓴 자기소개서 내용 중 일부이다.

비록 얼마 되지 않은 경력으로 부족한 점이 많습니다.

필자는 이 학생에게 이 글을 언제 썼냐고 물어보았다. 이 학생의 대답은 이러했다.

"온종일 어떻게 써야 할지 몰라서 머리를 싸매고 한숨만 쉬다가 새벽에 썼어요. 하도 신경이 쓰여서 밥도 제대로 못 먹고⋯⋯."

이 학생은 컨디션이 최악일 때 자기소개서를 쓴 것이다. 답답하고, 한숨만 나오고, 밥맛도 없고, 잠도 안 오고, 걱정은 되고, 불안하고……. 도대체 이런 상황에서 긍정적인 글이 나올 수 있을까? 그러니 '비록 얼마 되지 않은 경력…' '부족한 점이 많음' 등과 같은 매우 자신 없고 부정적인 글이 나올 수밖에 없었을 것이다.

자기소개서는 컨디션이 좋을 때 써야 한다. 잠을 이루지 못한 새벽보다는 해가 떠오른 아침이 훨씬 좋다. 특히 감성이 지배하는 저녁이나 늦은 밤보다는 밝은 아침이나 대낮이 더 낫다. 굳이 새벽에 쓰고 싶다면 잠이라도 푹 자고 써야 한다.

친구와 싸우거나, 어른에게 혼나거나, 시간에 쫓기거나, 불안한 감정이 있거나, 기분 나쁜 소리를 들었거나, 괴기 영화를 보았거나, 슬픈 노래를 듣고 부르거나 한 다음에 쓰면 다음과 같은 표현이 나올 수밖에 없다.

- 경력이 부족합니다.
- 학점이 좋지 않은 것이 문제입니다.
- 단점투성이입니다.

그러나 친구와 맛있는 걸 먹고 기분이 유쾌해지거나, 칭찬을 듣거나, 여유 있는 산책이나 여행을 즐겼거나, 선물을 받았거나, 선물을 주고 고맙다는 얘기를 들었거나, 감동적인 영화를 보았거나, 개그콘

서트를 보고 한바탕 웃었거나, 즐거운 노래를 들었거나, 노래방에서 친구들과 흥겨운 노래를 하면서 놀았거나 한 다음에 쓰면 위의 내용은 다음과 같이 바뀔 것이다.

경력이 부족한 것은 사실이지만 집념, 끈기, 도전정신 등으로 보완해 나갈 자신이 있습니다.

다른 사람들에 비해 학점이 낮습니다. 대신 학점과는 맞바꿀 수 없는 소중한 활동을 하였습니다. 이 경험을 통해 얻게 된 문제해결능력, 추진력 등은 학점이 보여주는 것 이상의 것들을 보여 드릴 수 있을 것이라 확신합니다.

단점은 많지만 이를 극복해내려는 의지가 강합니다. 소극적인 모습을 극복하기 위해 과대표 선거에 나서고, 스피치학원이나 해병대 캠프를 자원해서 다녀오는 만큼 적극적인 노력을 펼쳐온 저의 모습을 긍정적으로 평가해주셨으면 합니다. 업무에 지장을 가져오는 어떤 단점이라도 적극적인 극복 의지를 통해 이겨내도록 하겠습니다.

기타사항을
무시했다

자기소개서 항목 중에는 '기타사항'이 있다. 기타사항을 쓴 다음의 사례를 보자.

> 앞서 말씀드린 바와 같이 저는 ○○대학교에서 경제학을 전공하고, 학회장으로서의 경험을 통해 리더십과 추진력을 갖추게 된 사람입니다. 다시 한 번 강조하는 바이지만, 저는 최고의 기업에서 최고가 되기 위해 지금까지 온 힘을 기울여온 준비된 인재라고 자신 있게 말씀드립니다. 귀사의 가족이 될 기회를 주십시오. 최고의 실력으로 보답해 드릴 것을 약속 드리겠습니다.

기타사항이라는 항목의 존재 이유는 무엇일까? 기업에서 제시해 준 항목들만으로는 원하는 모든 것들을 표현치 못할 수도 있으니, 표현하지 못한 내용을 마음껏 표현해보라고 준 기회일지도 모른다. 진정으로 지원하는 기업에 입사하고자 하는 열정이 뛰어나다면 자신에 대해 표현하는 욕심이 넘칠 것이다. 자기소개서 한 두 장만으로는 부족함을 느낄 것이다. 아니 부족함을 느끼는 것이 정상이다. 주어진 공간만으로는 아쉬움을 느껴야 한다. 그런데 기업이 기회를 준 것이다.

그런데 '앞서 말씀드린 바와 같이'로 시작해서 앞에서 쓴 내용을 요약, 반복만 하다니… 이 좋은 기회를 다 날려 버리다니… 빈칸으로 남겨두는 사람들보다야 낫겠다고 생각할지도 모르겠지만, 특별히 쓸 내용이 없어서 어쩔 수 없이 칸을 채우는 것은 차라리 쓰지 않음만도 못하다. 다음의 사례를 보자.

'아버지의 손을 갖고 싶습니다.'
초등학교 때 이후 아버지의 손을 잡아본 기억이 없습니다. 사춘기 때 반항하느라, 고등학교 때는 공부해서 바쁘다는 핑계로, 대학교 때는 미팅하느라 정신이 팔려 아버지의 손을 잡아보는 것은 고사하고 아버지와 제대로 대화를 나눠본 적도 없었습니다.
제가 대학교 3학년 때, 아버지께서 병원에 입원하신 적이 있었습니다. 잠이 드신 사이 무심코 잡아본 아버지의 손등은 부르터 갈라지고, 손바닥은 딱딱하게 굳어 있었습니다. 가슴이 뭉클해지면서 눈물이 흘러내렸습니다. 얼마나 열심히 살아오셨는지, 얼마나 온 힘을 기울여서 일해 오셨는지 가슴 절절히 느낄 수 있었습니다.

먼 훗날 제 손도 아버지의 손처럼 되었으면 좋겠습니다. 귀사에서라면 진정한 토목쟁이가 되어 거친 손을 자랑스럽게 자손에게 물려줄 수 있는 사람이 될 수 있을 것이라는 확신이 듭니다.

이 내용을 쓴 사람은 공대 출신의 지원자였는데, 전공도 그렇고 다른 자기소개서 항목들이 너무 논리적이고 딱딱한 내용 위주로 되어 있는 것이 마음에 걸렸다고 한다. 그래서 기타사항은 감성적인 면도 있다는 점을 보여주기 위해 이처럼 썼다고 한다. 물론 합격하였다.

어이도 없고
성의도 없는 내용을 썼다

•

•

•

한 기업의 자기소개서 항목에는 다음과 같은 것이 있다.

'친구들이 당신에게 붙인 별명이 있다면 무엇이며, 왜 그런 별명을
생각하는지 기술하십시오. (50자 이상 500자 이내 입력)'

이 항목에 대해 명문대학 출신 M 군은 다음과 같이 썼다.

저는 친구들이 붙여준 별명이 없습니다. 아마 눈에 띄지 않을 정도
로 평범하고 조용한 사람이었기 때문이 아니었나 싶습니다. 어쩌

별명 하나 없단다. 도대체 M 군은 학창생활을 어떻게 보냈던 것일까? 친구들과 별명조차 나누지도 않는 무미건조한 생활을 한 것일까? 별명에 따른 경험이나 추억이 성장과정에서 영향을 줄 때도 잦은데, 별명 하나 없었다면 도대체 무슨 추억으로 살아온 것일까? 혹시 왕따? 아니면 친구들과는 담을 쌓고 공부만 한 사람은 아니었을까? 이 경우 사회생활을 제대로 할 수 있을까? 조직에 잘 적응할 수 있을까?

어쩌면 입사하고자 하는 마음이 없었을지도 모른다. 그래서 별 고민 없이 대충 칸을 채웠을 수도 있다. 성의가 하나도 없다. 이런 사람은 절대로 합격시키면 안 된다. 입사를 안 하거나 입사해도 금방 그만두는 사람이 될 확률이 매우 높다.

이 지원자의 말이 사실이라면 더 문제다.

눈에 띄지 않을 정도로 평범하고 조용한 사람은 요즘과 같은 치열한 환경에서 기업이 요구하는 인재상과는 완전히 동떨어진 사람이다. 특히 신입사원이라면 적극성, 패기, 열정 등은 기본적으로 갖추고 있어야 하기 때문이다.

이도 저도 아니면 정말 어이없는 자기소개서를 쓴 것이다.

필자의 경우라면 이 항목을 보자마자 친구들한테 전화해서 별명을 만들어달라고 극성을 떨었을 것이다. 그러면서 그 별명의 이유도 말해달라고 닦달했을 것이다. 그러고는 그중에서 제일 마음에 드는 것을 골라서 자기소개서에 옮기기 시작할 것이다.

결국 이 자기소개서는 어이도 없고, 성의도 없는 영점 짜리다.

더군다나 마지막에 '이름 석 자가 강하게 어필해서 그럴지도 모른다는' 아무런 의미도 없는 내용까지도 집어넣는 완벽한 실수를 하고야 말았다. 스펙은 좋지만 서류전형 탈락은 너무나도 당연한 결과였다.

'Energizer, 맥가이버, 오리발.' 친구들이 저에게 붙여준 별명들입니다. Energizer는 무슨 일이든지 열정적으로 임하고, 체력이 좋다는 뜻입니다. 맥가이버는 아무리 어려운 일이 있어도 침착하게 척척 해결해 내는 사람이라고 붙여준 것입니다. 오리발은 '발뺌을 한다'는 무책임한 의미가 아니라, '발이 넓다'는 의미입니다. 이 세 가지 중에 개인적으로는 Energizer라는 별명이 가장 좋습니다. 귀사의 신입사원이 된다면 Energizer로서 열정을 다하는 전문가로 성장할 것이고, 맥가이버의 위기관리능력과 문제해결능력을 보여 드릴 것이며, 회사의 성장에 이바지할 수 있는 Human Network를 쌓아가는 신통한 오리발을 내놓고 싶습니다.

위와 같이 적극적으로 쓰면 안 될까? 내용적인 측면에서 재치까지 보여준 좋은 글이다.

여기서 더 중요한 것은 자신을 적극성으로 내보이기 위한 노력이 보였다는 것이다. 지원자 대부분이 한 개의 별명을 제시한 데 반해 '저는 별명이 한 개가 아니라, 세 개나 됩니다'라고 한 것은 주어진 기회 속에서 자신에 대해 더 많은 것을 내세우고자 하는 적극적인 모습이 아닐 수 없다. 입사하고자 하는 마음이 크다면 이 정도는 해야 한다.

그만~
다음 분
들어오세요!
이렇게
기분 더럽긴
첨이야!
참의세요!

3

섣불리
독이 든 성배를
들었다?

말만 잘하면
되는 줄 알았다

·

·

·

평소 주위에서 말을 청산유수처럼 잘한다는 평가를 듣는 J 군은 요즘 자신감이 넘친다. 면접 위주의 채용전형이 바로 자신을 위한 것으로 생각하기 때문이다. 면접관이 던지는 질문에 대해 말만 잘하면 분명히 합격할 것이라는 확신 또한 J 군의 자신감에 불을 붙이고 있는 것이다.

J 군은 최근 학과 동기들로부터 면접 스터디를 함께 하자는 요청을 받았다. 어차피 자신의 합격은 기정사실이지만 동기들을 도울 겸 해서, 그렇다고 따로 특별히 할 일도 없고 해서 스터디에 참가하게 되었다.

문제는 첫날부터 발생하였다. 첫날 프로그램은 '면접이미지 메이킹'이었다. 세부항목으로는 면접 대기실에서의 자세, 면접장에 입장할 때의 자세, 인사할 때의 자세, 답변할 때의 자세, 표정, 손짓, 퇴장할 때의 자세 등이 있었다. J 군은 어이가 없었다.

'면접에서 말만 잘하면 되지. 뭐 하러 이런 걸 하지? 하긴 다른 친구들은 나만큼 말을 잘하지 못하니 이런 것들에서라도 점수를 잘 얻으려고 하겠지. 나한테 도움도 안 되는 내용을 위해서 시간을 낭비하는 것은 말도 안 돼.'

속으로 이러한 결론에 도달한 J 군은 스터디가 시작되기도 전에 강의장을 빠져나갔다. 갑자기 급한 사정이 생겼다는 핑계와 함께.

J 군은 어떻게 되었을까? 4학년 1학기 때 세 번의 대기업 인턴면접을 보았는데, 처음에는 긴장하기도 하였지만, 주어지는 질문에 스스로 생각해도 대견스러울 만큼 너무나도 답변을 잘했다고 생각했다. 단 한 번도 더듬는 일 없이 막힘 없는 답변이 술술 나오는데 어찌나 기쁘던지… 세 군데 동시 합격을 하면 어디를 선택할 것인지를 고민하던 J 군. 그러나 J 군을 기다린 것은 세 군데 모두 탈락했다는 소식뿐이었다. 이에 당황하여 눈을 낮추어 여름방학 때 두 번의 중소기업 면접을 보았으나 역시 모두 실패했다.

J 군의 머릿속은 매우 복잡하다. 도대체 자신처럼 말을 잘하는 사람을 떨어뜨리다니… 면접관들이 뭔가 잘못된 사람이 아닐까 하는 생각이 들기도 했지만, 무엇이 문제였는지 도무지 알 수 없는 것이

더 답답하다.

강의나 컨설팅 현장에서의 경험을 통해 보면, J 군처럼 말을 잘하는 사람이 면접에서 유리할 것으로 생각하는 사람들이 뜻밖에 많다. 말 잘하는 사람을 부러워하기도 하고, 말을 잘 못하는 자신을 탓하기도 한다. 다음의 평가표를 보자.

한 국내 기업의 면접 중 태도를 통한 인성 파악 기준

구분	불량 예시	예상되는 문제점
말할 때 (음성)	▶ 음성이 갈라지거나 탁하다 ▶ 빠르게 말한다 ▶ 말을 더듬는다 ▶ 다른 사람이 말하는 중에 끼어든다	▶ 불안, 기력이 강하다 ▶ 성급하고 생각의 폭이 좁다 ▶ 마음이 초조하고 조그만 일에도 마음이 끌린다 ▶ 자기중심적이거나 협조성이 약함
걸음걸이	▶ 뒤꿈치가 땅에 닿지 않게 걷는다	▶ 침착성 부족, 발전성이 약하다
앉은 자세	▶ 뒤로 기대지 않고 약간 앞으로 나와 앉는다 ▶ 앞으로 구부리고 웅크려 앉는다 ▶ 앉아서 시종일관 손을 움직인다 ▶ 다리를 꼬고 앉아 발을 움직인다 ▶ 앉아서 다리를 떨거나 위아래로 움직인다	▶ 적극적인 성격 ▶ 확고한 신념이 없다 ▶ 신경질적, 불안정 ▶ 참을성 결여 ▶ 불안정, 자신감 결여
일반적 버릇	▶ 눈을 자꾸 깜빡인다 ▶ 손으로 여러 가지 제스처를 사용한다	▶ 성미가 급함 ▶ 적극적, 진취적
퇴장 시	▶ 퇴장 시 실수로 의자나 문을 차거나 부딪힘 ▶ 먼저 나가려고 서두른다	▶ 불안정, 침착성 부족 ▶ 조급, 소심, 자신감 부족

면접장 문을 열고 들어서는 순간부터 나갈 때까지 모든 행동이 다

평가된다는 것을 알 수가 있을 것이다. 재작년 1차 실무면접에서 면접관으로 들어갔던 K 팀장은 어떤 지원자가 면접관실 문을 아주 빠르게 네 번이나 두드리는 것을 보고 '차분하지 못하고, 안정성이 부족하지 못하다'는 부정적인 평가를 했다. 이 지원자는 노크만으로 좋지 못한 첫인상을 준 것이다.

면접은 그 회사 정문에 도착할 때부터 나갈 때까지 계속되는 것이다. 시간에 늦어 헐레벌떡 뛰어들어간 사람과 일찍 도착하여 차분하게 기다린 사람의 컨디션은 매우 다를 것이다. 대기실에 늦게 도착하는 순간 면접을 진행하는 진행자들로부터 찍히게 된다. 이들의 손에 의해 지원서에 부정적인 생각이 적힐 수도 있다.

대기실에서의 자세도 중요하다. 실제로 있었던 사례이다. 어떤 지원자가 대기실에서 다른 사람들을 배려하지 않은 채 휴대전화기로 통화를 했고, 이를 제지하는 진행자에게 불편한 표정을 지었다. 진행자는 이 내용을 기재하여 면접관에게 통보하였고, 이 기록을 본 대표이사가 최종 합격자 명단에서 이 지원자를 탈락시켰다. 신입사원으로서 기본이 안 되어 있다는 것이 이유였다. 물론 이 지원자의 스펙은 매우 뛰어났다.

면접은 말만 잘한다고 합격이 보장되는 것이 아니다. 입장에서부터 퇴장할 때까지 어느 한순간도 소홀히 하지 않고 끝까지 온 정성을 쏟는 사람이 합격할 가능성이 큰 그런 경쟁이다. 아무리 말을 잘한다고 하더라도 사전에 철저한 훈련은 필수적이다. 동료와 비디오로 촬영하고, 촬영된 자신의 모습을 보면서 조금이라도 면접관들에게 부정적으로 보이는 점은 없는지를 확인하고, 보완해야 할 것으로 판단되는 부분은 반드시 똑같은 실수를 반복하는 일은 없어야 한다.

다음에 나오는 모의면접 Self Check List와 평가표를 참조하여, 사전에 철저한 훈련을 할 수 있도록 한다.

모의면접을 위한 Self Check List

구분	Check List	점수
면접장 들어올 때의 모습	▶ 걸음걸이에 자신감이 보이는가? ▶ 걸을 때 뒤꿈치가 땅에 닿았는가? ▶ 복장은 단정한가? ▶ 첫인상이 호감을 주는가? ▶ 면접관에게 정중하게 인사를 했는가? ▶ 면접관이 앉으라고 할 때까지 기다렸는가? ▶ 의자에 앉은 자세가 자연스러운가?의자에 앉아서 질문을 기다리는 동안 시선은 자유로운가? ▶ 질문을 기다리는 동안 불필요한 행동은 하지 않는가?	
답변할 때의 모습	▶ 자기소개하는 내용이 적절한가? ▶ 자기소개할 때 표정이 밝고 여유가 있는가? ▶ 자기소개하는 동안 손동작은 자연스러운가? ▶ 자기소개할 때의 목소리는 맑은가? ▶ 면접관이 질문할 때 시선은 자유로운가? ▶ 질문을 줬을 때, 잠시 생각하는 시간을 갖는가? ▶ 질문에 대해 긍정적인 반응을 보였는가? ▶ 결론부터 얘기하고, 그에 대한 근거를 설명하였는가? ▶ 답변이 명쾌하고 간결한가? ▶ 답변의 내용이 창의적인가? ▶ 모르는 질문에 대해 솔직하게 모른다고 답하였는가? ▶ 대답하는 동안 시선은 안정을 유지하였는가?	

	▶ 제스처는 자연스러운가? ▶ 불필요하거나 어색한 행동은 하지 않는가? ▶ 표정은 자연스러운가? ▶ 면접관의 질문에 경청하는 자세를 보였는가? ▶ 잘 모르거나 실수를 했더라도 거기에 연연하지 않고 다음 질문에 전력을 기울이는가? ▶ 입사하고자 하는 열의가 보이는가? ▶ 부자연스럽거나 부적절한 표현을 사용하지 않는가? ▶ 끝까지 온 정성을 쏟는가? ▶ 회사에 대해 궁금한 점을 준비해서 물어보았는가?
퇴장할 때의 모습	▶ 면접관에게 정중하게 인사를 했는가? ▶ 자신감 있고 당당하게 걸어나갔는가? ▶ 문을 조심스럽게 닫았는가?

모의면접 평가표

평가 항목	평가자 평가	자기 평가
복장 센스	5 4 3 2 1	5 4 3 2 1
적극성	5 4 3 2 1	5 4 3 2 1
융통성	5 4 3 2 1	5 4 3 2 1
재치	5 4 3 2 1	5 4 3 2 1
순발력	5 4 3 2 1	5 4 3 2 1
배짱	5 4 3 2 1	5 4 3 2 1
끈기	5 4 3 2 1	5 4 3 2 1
창의성	5 4 3 2 1	5 4 3 2 1
전문성	5 4 3 2 1	5 4 3 2 1
논리력	5 4 3 2 1	5 4 3 2 1

팀워크 정신	5 4 3 2 1	5 4 3 2 1
위기관리능력	5 4 3 2 1	5 4 3 2 1
입사하고자 하는 열의	5 4 3 2 1	5 4 3 2 1
회사에 대한 관심도	5 4 3 2 1	5 4 3 2 1
희망업무에 대한 지식	5 4 3 2 1	5 4 3 2 1
희망업무에 대한 관심도	5 4 3 2 1	5 4 3 2 1

평가 기준 | 5 매우 우수 · 4 우수 · 3 보통 · 2 미흡 · 1 매우 미흡

집에
빨리 가고 싶어 했다

·

·

·

면접관이 되어 면접장에 들어가서 보면 지원자들은 대략 두 가지의 유형이 있다.

첫 번째는 '사람은 참 좋은데, 가진 것도 참 많은데, 굳이 뽑아야 할 이유를 찾기가 참으로 어려운' 유형이다.

스펙도 훌륭하고, 답변도 잘하는데 우리 회사에 들어오겠다는 건지 말겠다는 건지 도저히 알 수가 없다. 이 경우 탈락시켜도 지원자가 상처를 별로 받지 않을 것 같다는 생각이 든다. 면접에서 탈락자들이 많이 배출되는 유형이다.

두 번째는 '우와 저렇게까지 하나? 정말 우리 회사 들어오고 싶은 이런 지원자를 보면 아무리 스펙이 좋지 않아도 면접자들은 고민하게 된다. 왜냐하면 이 유형의 지원자를 탈락시키면 상처를 많이 받을 것 같다는 생각이 들기 때문이다. 당연히 좋은 평가를 받을 수밖에 없다.

면접 현장에서 만나는 면접관들과 대화를 나누어보면 필자가 지원자들을 두 가지 유형으로 나누는 방식과 그 이유에 대해 깊게 동감한다.

첫 번째 유형을 보면 공통점이 있다. 한마디로 말해서 '집에 빨리 가고 싶어 하는' 인상을 준다는 것이다. 빨리 집에 가고 싶어하는 것이 어때서?

만일 당신이 좋아하는 사람이 있다. 어렵게 데이트할 기회를 얻었다. 이 사람한테 잘 보이고 싶다. 어떻게 해서든지 이 사람의 마음을 얻고 싶다. 결혼해서 평생을 함께하고 싶다. 집에 빨리 가고 싶을까? 빨리 자리에서 일어나고 싶어서 서두르는 모습을 보여줄까? 상대방이 이제 집에 가야 한다고 하면 "네, 그러세요"라고 하면서 바로 보내게 될까? 어떻게 해서든지 몇 분이라도 더 같이 있으려고 노력을 할까?

지원자 두 명이 있다.

지원자 A는 면접장 문을 열었을 때 면접관들과 눈이 마주쳤으나 인사를 하지 않고, 서둘러 의자까지 걸어왔다. 그러고는 고개만 약간 숙이는 정도의 인사를 했다. 자리에 앉으라고 하자 덥석 앉았다.

지원자 B는 문을 조심스럽게 열었다. 면접관들과 눈이 마주치자 그 자리에 멈춰 서서 차분하게 인사를 하였다. 서두르지 않고 의자까지 걸어온 지원자 B는 의자 옆에 자리를 잡은 후 인사를 하기 시작하였다. 천천히 상체를 내리는데 각도가 7, 80도 정도가 될 때까지 몸을 숙였고 올릴 때도 천천히 올렸다. 자리에 앉으라고 하자 "감사합니다"라는 말과 함께 자리에 앉았다.

누가 더 집에 빨리 가고 싶어 하는 사람 같을까? 당신 같으면 누구를 뽑을 것인가? 누가 더 입사하고자 하는 마음이 클까? 누가 더 면접관들에게 잘 보이기 위해 노력을 하고 있을까?

지원자 A는 너무 긴장하고 정신이 없어서 그랬다고 할 수도 있다. 지원자 B는 강심장이거나, 면접을 하도 많이 봐서 혹은 인사 자세 훈련을 많이 받아서 여유가 넘쳤다고 볼 수 있다. 그러나 이런 것은 하나도 중요하지 않다. 아무리 긴장을 하고 정신이 없어도, 아무리 강심장이라도, 아무리 경험이 많아도, 아무리 훈련을 받아도, 입사하고자 하는 마음이 많지 않으면 A와 같은 인사를 하게 되고, 입사하고자 하는 열의가 넘치면 B와 같은 인사를 하게 된다. 이것은 형식의 문제가 아니라 마음의 문제이다.

면접관들은 말한다. 인사하는 모습만 봐도 그 사람의 마음을 알아볼 수 있다고. 성의 없이 인사를 하는 사람들은 빨리 집에 가고 싶어 하는 것 같아서 별로 마음에 안 든다고.

의자에 앉으라고 할 때 "감사합니다"라는 말을 하고 안 하고의 차이에 대해서도 짚고 넘어가 보자.

어떤 기업체는 의자에 앉으라고 하기도 전에 "죄송합니다. 저희가 잘못 불렀네요. 어떻게 하죠? 집으로 돌아가 주세요"라고 하였다. 하도 채용실패를 자주 경험해서 일부러 이런 상황을 만든 것이다. 그런데 집에 돌아가라고 하지도 않고 자리에 앉으란다. 이 얼마나 고마운 일일까? 당연히 진심을 담아서 "감사합니다"라는 인사를 드려야 한다. 이 또한 마음의 문제이다. 입사하고자 하는 열의가 없다면 집에 가라고 하든 아니든 의자에 앉는 것 자체가 그리 중요하지 않을 것이다. 그러니 당연히 '감사하다'는 표현 없이 덥석 앉아버리게 되는 것이다. 형식적으로 '감사합니다'라고 하는 사람도 있다. 무표정한 얼굴로 말이다. 이 또한 진심이 느껴지지 않는다. 진짜 감사해 하는 것 같지 않다. 감사하든 안 하든 집에 빨리 가고 싶어 하는 것 같다.

한편 면접 질문 중에는 정답도 없고 답변하기 정말 어려운 것들이 있다. 특히 극도로 긴장한 상태에서 생각이 콱 막혀서 단 한마디도 나오지 않을 정도로 어려운 질문을 줬다면 두 유형의 반응은 어떻게 다를까?

예를 들어 "서울에 바퀴벌레가 몇 마리인가?"라는 질문을 줬다 치자.

- **지원자A:** 잘 모르겠습니다. (그래도 잘 생각해 보라는 면접관의 요청에) 음… 엄청 많을 것 같습니다.

- **지원자B:** 상당히 어려운 질문이기도 하고, 제가 지금 너무 긴장해서… 그런데 잠시 생각할 시간을 주셨으면 합니다. (잠시 시간이 흐른 후) 저희 집에 눈에 뜨이는 바퀴벌레들이… 어… 열 마리 정도는 되는데… 음… 번식력이 좋은 것을 고려한다면 밖에 나오지 않는 바퀴벌레들은 더 많을 것으로 생각합니다… 음… 어… 저는 열 배 정도가 된다고 전제를 해보고 싶습니다. 그렇다면 저희 집에는 최소 1백 마리가 될 것이고, 서울에는 가구 수가 평균 가구당 네 명이라고 했을 때… (중략)

둘 중 누가 더 빨리 집에 가고 싶어할까?

또한, 면접 끝에 "마지막으로 하고 싶은 말이 있느냐?" "회사에 대해 궁금한 것이 있느냐?" 등과 같은 질문을 줬을 때, "없습니다"라고 하는 것 또한 빨리 집에 가고 싶어하는 것이다. 좀더 같이 있을 기회를 주었는데 이 얼마나 기쁜 일일까? 없는 질문이라도 만들고, 어떤 말이라도 해서 조금이라도 상대방을 붙들어 놔야 하는 기회인데, 얼마나 상대방에 대해 관심이 없으면 이런 답변을 할까?

심지어 이런 질문을 주지 않은 채 "면접이 끝났습니다. 돌아가 주세요"라는 말을 들었을 때조차 "마지막으로 드릴 말씀이 있습니다"

혹은 "궁금한 사항이 있는데 여쭤봐도 되겠습니까?"와 같은 질문을 던져야 하지 않을까? 행여나 다음 대기자들을 배려하여 기회를 부여하지 않는다고 하더라도, 그냥 나가는 지원자와 한 번이라도 더 기회를 얻고자 한 지원자 중에서 누구한테 더 한 번이라도 눈이 갈까?

첫 데이트에서 상대방이 궁금한 것 하나도 없다며 자리를 뜬다면 여자는 이런 생각을 하게 되지 않을까?

'나에 대해서 궁금한 것이 없다고? 나에 대해서 관심이 없군. 그리고 집에 빨리 가야 한다고 일부러 말해본 건데 바로 일어나? 용기가 없던지, 나를 좋아하지 않던지. 용기가 없는 남자는 매력 없어. 이 험한 세상에서 어떻게 나를 보호해 주겠어? 나를 좋아하지 않는 거라면 완전 기분 나빠. 다시는 만나지 말아야지.'

궁금한 것이 있더라도 "재산이 얼마예요?" "월급 얼마 받으세요?"와 같은 질문이라면 상대방은 이렇게 생각할 것이다.

'나 자체를 좋아하는 게 아니라 내가 가진 것에만 관심이 있는 것이군. 실망이야. 다시는 만나지 말아야지.'

연봉이 얼마인지, 상여가 얼마인지, 인센티브는 많이 받을 수 있는지, 휴가는 얼마나 주는지, 복리후생은 경쟁 기업과 비교하면 얼마나 더 좋은지 등과 같은 질문을 던져야 할까?

'설마 저런 질문을 던지겠어?'라고 생각할지도 모르지만, 필자가 면접장에서 지원자들에게서 실제로 듣고는 어이가 없었던 질문들이었다.

마지막으로 한 가지 더. 집단면접이 끝나고 퇴장을 할 때 몇몇 지원자들은 서둘러 면접장을 빠져나가려고 한다. 그러다 보면 앞사람과 부딪히기도 하고, 의자를 발로 차기도 한다. 얼마나 집에 빨리 가고 싶으면 이러는 것일까? 아니면 다른 회사 면접을 보러 서둘러 가야 하기 때문일까?

면접관이
자상할 것으로 생각했다

•

•

•

최근 면접을 마치고 온 S 양은 마음이 편치가 않다. 집단인성면접에서 질문 세 가지를 받았는데, 두 가지 질문에 제대로 답변을 하지 못한 것이 마음에 걸리기 때문이다. 첫 번째 질문인 자기소개는 무난히 답변하였다. 그다음이 문제였다.

- **면접관:** 장점이 뭔가요?
- **S양:** 제 장점은 충성심과 문제해결능력입니다.
- **면접관:** 존경하는 인물이 누군가요?
- **S양:** 아, 네… 제가 존경하는 인물은 아버지입니다.

• **면접관:** 알겠습니다. S 양은 답변이 항상 짧네요.

첫 질문을 들은 S 양은 기분이 좋았다. 이미 예상했던 질문이기 때문이었고, 성취경험을 중심으로 한 근거까지 멋지게 준비를 해왔기 때문에 망설임 없이 답변하였다. 문제는 그다음이었다.

S 양은 그다음으로 그 근거를 대라는 질문이 나올 것을 예상하고, 마음속으로 답변준비를 하고 있었다. 그런데 기대했던 질문이 나오질 않으니 뒤통수를 한 대 맞은 것처럼 머릿속이 혼란스러운 가운데 두 번째 질문에 답변하였다.

S 양은 예상치 못한 상황에서 준비해왔던 답변을 한마디도 하지 못한 상황이 되었고, 그러고는 '그 이유를 물어볼까? 앞에서 물어보지 않았으니, 내가 알아서 답변해야 할까?'라는 생각이 머릿속을 맴돌았다.

그 이후로 더는 질문은 없었다. 면접이 끝나고, 면접장을 나서는데 S 양의 눈에서는 눈물이 쏟아지기 시작하였다. 장점과 그 근거까지 얼마나 준비를 잘했는데… 존경하는 인물도 마찬가지였다. 진정으로 아버지를 존경하는 이유까지도 정말로 잘 대답할 수 있었다. 그런데 당황을 하다 보니 아무것도 할 수 없었던 것이다. S 양은 면접관이 원망스러웠다.

'어떻게 장점에 대한 이유를 물어보지 않을 수가 있을까? 면접이라면 당연히 물어봐야 하는 것 아니었을까? 얼마나 열심히 준비했는데… 면접관으로서 자격이 없는 것 아니야? 저런 사람을 면접관으로 쓰다니. 회사가 이상한 거야. 합격해도 가나 봐라.'

물론 결과는 예상한 대로 탈락이었다.

S 양과 같은 이유로 탈락하는 사람들이 뜻밖에 많다. 이들은 자신의 탈락 이유를 모두 면접관 탓으로 돌린다. 그러나 면접관은 아무런 잘못이 없다. 위와 같은 질문들을 했을 때 무조건 그 이유를 말하라는 후속 질문을 줘야 하는 의무가 그들에게 있을까? 후속 질문을 하지 않으면 면접관으로서 자질이 없을까?

S 양은 후속 질문이 없어도 그 이유를 자동으로 말했어야 했다. 그래야 성의가 있는 것이다.

입사하고자 하는 열의가 넘치면 이유를 물어보지 않아도 말해야 하는 것이 정상이다. 면접관들이 입사하고자 하는 마음이 얼마나 적극적인지를 판단하려고 일부러 물어보지 않는 경우가 많다는 것을 명심하라.

지방에 소재한 대학 출신의 P 군은 기분이 상당히 나쁘다. 얼마 전 면접에서 수모를 당했기 때문이다.

면접장에는 세 명의 면접관이 있었다. 이들은 삐딱한 자세로 자신을 쳐다보았다. 다음은 면접관들이 P 군에게 한 말들이다.

- (자기소개서를 보면서) 에고… 공부 잘 안 하셨나 보네. 자기소개 한 번 해봐요.

- (답변하는 중간에 말을 끊으면서) 됐어요. 그만 해도 돼요. 이 학교 어디에 있지요?
- (짜증 나는 듯한 말투로) 그래서 결론이 뭐예요?
- (팔짱을 끼며) P 씨! 취직할 마음이 있어요?
- (한숨을 쉬며) 수고했어요. 가보세요.

P 군은 이런 말들을 들으면서 얼굴이 빨개지고 당황스러운 표정을 지을 수밖에 없었으며, 너무나도 자신을 무시하는 것 같아 중간에 화를 내고 나오고 싶었다는 것이었다. 지방대학 출신이라서 자신에게 함부로 대했을 거라는 생각이 들어 인사도 하는 둥 마는 둥 서둘러 나왔다는 것이다.

P 군이 만난 면접관들은 왜 이리도 쌀쌀맞게 대했던 것일까? 상사한테 혼난 것에 대한 화풀이를 P 군에게 한 것이었을까? 아니면 그날 아침 부부싸움을 해서 분이 안 풀린 상태였을까? 아니면 원래 성격이 이상한 것일까? 혹시 지방대학 출신이라고 무시한 것일까?

이날 면접관으로 참석했던 팀장 중 한 명의 말을 들어보자.

"그럴 리가요. 성격들 다 정상이고요. 혼나지도 않았고 부부싸움도 하지 않았어요. 게다가 지방대학 출신이라고 무시한 적도 없었어요. 그날 다른 지원자들에게도 의도적으로 압박을 심하게 하였죠. 작년부터 신제품을 출시하고 적극적으로 마케팅을 펼치다 보니까 회사

전체가 야근도 많아지고 업무 강도도 높아지기 시작했어요. 스트레스를 견디지 못하고 그만둔 신입사원들이 몇 명 있었거든요. 어렵게 뽑은 사람들인데… 그래서 일부러 스트레스를 줘 본 것이에요. 이 정도의 스트레스는 견뎌야 한다고 판단했기 때문이었어요.

그런데 P 군은 금방 감정이 드러나더라고요. 표정도 어두워지고. 면접을 마치고 인사를 하는데, 차가운 기운까지 느껴졌어요. 면접관들의 공통적인 의견은 '긴장이 높은 상황에서 조직에 적응하기 어려울 것이다'라는 것이었습니다. 솔직히 말씀드려서 요즘 기업들 저희만큼 긴장하지 않는 곳 없어요. 우리 회사만 특별한 것은 아니에요. 회사의 업무 강도가 높든, 높지 않든 이 정도의 스트레스 강도는 이겨내야 조직에 적응할 수 있는 건데…….

사실 저희도 압박면접을 하는 내내 마음이 좋지 않아요. 저희라고 지원자들에게 잘 해주고 싶은 마음이 왜 없겠어요? 게다가 요즘은 일반적인 방법일 텐데 P 군은 압박면접이 있는지 전혀 알지 못하는 사람 같았어요. 몰랐더라도 조금만 더 정신을 바짝 차리고 버텨주었으면 좋은 결과가 있었을 텐데… 상당히 안타깝네요."

말을 잘 **전달하는**
방법을 몰랐다

●

●

●

다음은 방금 면접을 마치고 나온 어떤 지원자의 말이다.

"어휴, 어찌나 떨리던지요. 여러 가지 많은 말을 하긴 한 것 같았는데, 도대체 무슨 말을 했는지 기억도 안 나요. 횡설수설한 것 같기도 하고. 그런데 면접관님들께서 어찌나 제 말에 귀를 기울여주시던지요. 중간에 웃어도 주시고, 고개도 끄떡여 주시고. 제가 무슨 말을 하는지 잘 못 알아들으셨을 것이 뻔한데도 정말 잘 들어주시더라고요. 아마 제 스펙이 매우 좋다 보니가 제대로 답변을 하지 못해도 호감이 있으셨나 봐요. 좋은 결과를 기대해도 되겠죠?"

면접은 사람과 사람이 만난다. 그것도 생전에 한 번도 만나본 적이 없는 사람들끼리 만난다. 이 두 가지 사실만 두고 보면 평등한 관계의 만남처럼 보인다.

그러나 매우 불평등한 만남이다. 상대방은 나에 대해 많은 사실을 알고 있다. 살아온 과정, 장단점, 인생관, 지원동기, 미래 계획, 학점, 자격증, 점수, 출신학교, 가족사항까지 알고 있다. 취미나 특기도 안다. 나에 대해 사전 지식이 풍부하다. 반면에 나는 상대방에 아는 것이 하나도 없다.

더군다나 상대방은 칼자루를 쥐고 있다. 이 칼에 의해 나의 인생이 결정된다. 막강한 '갑' 중의 '갑'이고 나는 연약한 '을' 중의 '을'이다.

경기가 시작되면 막강한 '갑'이 나에게 칼을 휘두르기 시작한다. 칼이 몇 자루가 있는지, 어떤 방향에서 공격할 것인지, 칼을 살살 휘두를 것인지, 정신없이 휘두를 것인지 전혀 알 수가 없다. 게다가 나는 방패도 없다. 움직일 수도 없다. 조그마한 의자 위에 꼼짝없이 앉아서 상대방의 공격을 쳐내야 한다. 여기서 문제 하나를 풀어보자.

다음 두 가지 보기를 보고 정답을 하나 고르시오.
(1) '을'이 무슨 말을 하는지 잘 못 알아듣는 것은 전적으로 '갑'의 책임이다.
(2) '을'은 '갑'에게 자신이 하고자 하는 말을 잘 전달할 수 있도록 온 힘을 다해야 한다.

앞서 면접은 말만 잘한다고 되는 것이 아니라고 밝힌 바 있다. 말을 하기 전과 후의 태도나 자세도 중요함은 잘 알게 되었을 것이다. 여기에 한 가지 더 보태고자 한다. 면접에서는 말을 잘하는 것보다 '말을 잘 전달하는 것'이 중요하다.

전혀 모르는 상대방으로 하여금 나의 말에 귀를 기울이게 하려면 엄청난 노력이 필요하다. 특히 면접관에게는 더욱더 그렇다.

전혀 모르는 사람에게 말을 할 때 상대방은 나를 쳐다본다. 그러고는 고개도 끄떡이고 "네, 그렇군요" 등과 같은 반응도 한다. 문제는 표정만 그렇게 하는 것이다. 상대방이 하는 얘기가 관심이 없으면 얼굴은 듣는 것 같지만 속으로는 딴생각을 한다.

누구나 이런 경험이 있었을 것이다. 길을 가고 있는데 한 영업사원이 접근한다. 잠시 시간을 내달라고 한다. 제품에 대해 이것저것 설명을 한다. 당신은 들어주는 표정을 짓는다. 그런데 속으로는 '바빠 죽겠는데, 귀찮게 시리… 어떻게 거절을 해야 할까? 저렇게 열심히 설명하는데 무시할 수도 없고, 어쨌든 듣는 척이라도 해주자. 그래야 빨리 여기서 벗어날 수 있을 거야'와 같은 생각을 한다.

이 영업사원은 3분 동안 제품 설명을 했다. 당신은 3분 동안 열심히 듣는 척을 했지만 전혀 다른 생각을 했다. 이것이 바로 전혀 모르는 사람들끼리 만났을 때 흔히 일어나는 현상이다.

다른 상황을 하나 더 생각해보자. 길을 가고 있는데 상당히 매력적인 이성이 당신에게 말을 건다. 마침 당신은 취업에 대해 고민을 하고 있었는데, 이 사람이 취업에 도움이 되는 이야기를 해주겠다고 한다. 말도 귀에 쏙쏙 들어오도록 해준다. 매력적인 사람이 자신이 관심이 있는 이야기를 그것도 알아듣기 쉽게 잘 말해준다. 여기에 귀를 기울이지 않을 사람이 누가 있을까?

면접관들도 기본적으로 지원자들에게 관심을 기울인다. 긴장해서 무슨 말을 하는지 잘 모르는 상황에서도 들어주려고 노력을 한다. 이것이 면접관으로서 가진 기본적인 예의이자 의무이기 때문이다. 그러나 면접관도 사람인지라 처음부터 관심이 가지 않는 지원자의 말은 잘 들리지 않는다. 관심이 가더라도 잘 전달을 하지 못하는 지원자의 말은 알아듣지 못한다. 물론 얼굴은 진지하게 듣는 표정을 하고 있다. 고개도 끄떡인다.

어떨 때는 지루하기까지 하다. 한 번 생각해보라. 별로 매력적이지도 않고, 말도 조리 있게 하지 못하고, 너무나 긴장한 나머지 내용이 이리저리 왔다갔다하고, 하는 애기가 거기서 거기일 때 특히 이런 사람들을 며칠에 걸쳐서 수십 명에서 수백 명을 만난다고 생각해보라. 참으로 고역이 아닐 수 없을 것이다.

결국 면접이 끝났을 때 당신은 이런 평가를 받을 수도 있다.

"또 비슷한 소리를 하고 가네. 말은 참 많이 하는데, 무슨 말인지도 모르겠고. 논리성이 부족해 보여. 똑똑해 보이지도 않고. 별로 뽑고 싶은 생각이 안 드는군."

이와는 반대로 어떤 지원자가 들어오면 잠이 확 깨고, 지루함도 가시고, 하는 말이 어찌나 귀에 쏙쏙 들어오는지 자기도 모르게 지원자의 말에 빠져드는 때도 있다. 과연 이러한 지원자들은 도대체 어떻게 답변을 한 것일까? 이들은 무엇보다 '잘 전달하는 방법'을 잘 알고 있는 사람들이다.

첫째, 이들은 처음 보는 상대방에게 인간적인 관심을 끌어내야 자신의 말에 귀를 기울일 가능성이 크다는 것을 잘 안다. 관심을 끌기 위해 먼저 외모에 신경을 쓴다. 머리, 화장, 복장 등은 상대방으로부터 호감을 이끌어내는 중요한 요소이다.

둘째, 인사에 신경을 쓴다. 형식적이 아닌 매우 정중한 인사를 한다. 인사말도 평범하게 하지 않는다. 남들과 똑같이 하면 상대방으로부터 관심을 이끌어내지 못한다는 것을 잘 알기 때문이다. 평상시에 자신에 대해 짧지만 효과적으로 표현할 수 있는 인사말을 만들기 위해 온 힘을 다한다. '저는 어디에서 태어나서, 어떤 학교를 나오고… 등등의 방식은 너무 평범하고 지루해. 이름으로 삼행시를 지어볼까? 나를 과일, 음식, 악기, 영화 주인공 등에 빗대어 표현해볼까? 표정은 이렇게 해볼까?' 등과 같이 말이다.

셋째, 이들은 반드시 상대방과 눈을 마주친다. 이야기하면서 위를 봤다가 아래를 봤다가 옆을 봤다가 하는 등의 불안정한 시선 처리를 하지 않는다.

넷째, 이들은 적절한 제스처를 사용하고 속도나 억양에 변화를 준

다. 그래야 상대방이 지루하지 않기 때문이다. 말의 내용에 따라 표정 변화도 다양하게 한다.

다섯째, 뉴스 앵커를 연구하여 그대로 따라 한다. 뉴스 앵커는 잘 전달하는 방법에 가장 정통한 사람들임을 잘 알기 때문이다. 뉴스 앵커는 이 세상에서 가장 불리한 환경하에 말을 한다. 표정도 바꿀 수가 없다. 제스처를 사용하지도 못한다. 몸도 움직일 수가 없다. 게다가 전달하는 내용 대부분이 심각하거나 사람들이 듣기 싫어하는 정치인들 이야기이다. 가장 긴장되는 생방송이다. 그런데 이상하게도 앵커가 하는 이야기는 귀에 쏙쏙 들어온다. TV 화면을 보지 않고, 다른 일을 하더라도 귀에 들어온다. 앵커들은 잘 전달하는 방법에 대해 철저하게 훈련을 받았기 때문이다.

앵커들은 말을 빠르게 하지 않는다(100자를 약 20초 정도에 읽는다). 말이 길지 않고 짧다. '뭐 뭐 했고, 뭐 뭐 했는데, 뭐 뭐 했으나, 뭐 뭐 했기 때문에, 뭐 뭐 하다가' 등과 같이 말을 길게 하는 일이 절대로 없다. 결론은 항상 앞에 이야기한다. 발음이 명확하다. 가장 중요한 것은 이들이 상대방에게 잘 전달하기 위해 지루할 정도로 반복적인 훈련을 한다는 것이다. 아무리 베테랑이라 할지라도 방송 전에는 목을 풀고 발음이 잘 나오도록 노력을 한다.

여기에 명강사들의 비법을 하나 더 전수한다면 명강사들의 설명이 귀에 쏙쏙 들어오는 이유는 단 한 가지이다. 강의를 듣는 사람이 노트 필기하기 아주 편하게 설명을 한다는 것이다. 결론부터 얘기하고, 몇 가지 측면으로 나누어서 설명할 것인지 먼저 얘기해주고, 첫째, 둘째, 셋째 등을 친절하게 강조해주면서 설명을 한다. 왜? 상대방에게 잘 전달하기 위해서이다. 예를 들면 "자 오늘 강의는 면접 방법에 대해서 강의를 하겠어요. 내용은 총 세 가지로 구성되어 있어요. 그 세 가지란 첫째, 이미지 메이킹 둘째, 답변 요령 셋째, 기타사항이에요. 자! 그럼 첫 번째 사항부터 말씀드리겠습니다"와 같이 말이다.

당신도 노트 필기하기 좋게 얘기할 수 있다. 다음과 같이 말이다.

"저는 아버지를 가장 존경합니다. 그 이유는 두 가지, 즉 직업인으로서의 아버지와 가장으로서의 아버지로 설명해 드리겠습니다. 먼저 직업인으로서의 아버지는……."

"4대강 사업에 반대합니다. 그 이유에 대해 세 가지 측면으로 말씀드리겠습니다. 첫 번째, 환경적인 측면입니다. 4대강 사업은……."

"제 장점은 두 가지입니다. 첫째, 팀워크, 그리고 둘째, 추진력입니다. 먼저 팀워크에 대해 말씀드리겠습니다. 대학교 2학년 때의 일이었습니다……."

평가자는 당신의 말에 귀를 기울이면서 다음과 같은 평가를 할 것이다. "음. 명쾌하군. 논리적으로 보이고, 게다가 똑똑해 보이기까지.

야무지게 일 잘할 것 같아."

　다음은 아나운서나 앵커들이 하는 발음훈련자료이다. 방송국 아나운서인 필자의 지인이 제공해준 자료이다. 입을 크게 벌리고, 글자 한 자 한 자 또박또박 읽으면서 훈련하기를 권한다.

(가) 혀 운동

다 댜 더 뎌 도 됴 두 듀 드 디

라 랴 러 려 로 료 루 류 르 리

사 샤 서 셔 소 쇼 수 슈 스 시

(나) 입술 운동

마 먀 머 며 모 묘 무 뮤 므 미

바 뱌 버 벼 보 뵤 부 뷰 브 비

(다) 턱 운동

카 캬 커 켜 코 쿄 쿠 큐 크 키

(라) 설음舌音 훈련

글글글글 껄껄껄껄 놀놀놀놀 달달달달 뜰뜰뜰뜰

롤롤롤롤 물물물물 벌벌벌벌 뿔뿔뿔뿔 술술술술

쌀쌀쌀쌀 을을을을 잴잴잴잴 쩔쩔쩔쩔 찰찰찰찰

털털털털 칼칼칼칼 풀풀풀풀 핼핼핼핼

(마) 정확한 발음 연습 (1)

갸 냐 댜 랴 먀 뱌 샤 야 쟈 챠 캬 탸 퍄 햐

괴 뇌 되 뢰 뫼 뵈 쇠 외 죄 최 쾨 퇴 푀 회

교 뇨 됴 료 묘 뵤 쇼 요 죠 쵸 쿄 툐 표 효

궈 눠 둬 뤄 뭐 붜 숴 워 줘 춰 쿼 퉈 풔 훠

(바) 정확한 발음 연습 (2)

간장공장 공장장은 강 공장장이고, 된장공장 공장장은 장 공장장
이다.

저기 있는 저분은 박 법학박사이고, 여기 있는 이분은 백 법학박사
이다.

저기 가는 저 상장사가 새 상장사이냐 헌 상장사이냐.

중앙청 창살은 쌍창살이고 시청 창살은 외창살이다.

한양양장점 옆 한영 양장점, 한영 양장점 옆 한양 양장점.

저기 있는 말 말뚝이 말 맬 만한 말 말뚝이냐 말 못 맬 만한 말 말
뚝이냐

옆집 팥죽은 붉은 팥 팥죽이고, 뒷집 콩죽은 검은콩 콩죽이다.

검찰청 쇠철 창살은 새 쇠철 창살이냐 헌 쇠철 창살이냐.

면접관을
걱정시켰다

·

·

·

| 사례 1

은행, 증권사, 그리고 기업 회계팀에 지원한 P 군이 면접장에서 한 말이다.

- 다른 사람들과 상당히 잘 지냅니다.
- 지금 세계경제는 엄청나게 빠른 변화를 보이고 있습니다.
- 무지하게 일을 빨리할 수 있습니다.
- 제가 입사하고자 하는 마음은 말로 다 표현할 수 없을 정도로 어마 어마하게 큽니다.
- 한평생 다 바쳐 귀사를 위해 충성을 다 하겠습니다.

P 군은 불합격하였다. P 군이 지원한 분야는 공통으로 정직함, 신뢰성, 책임감, 차분함, 꼼꼼함, 치밀함 등이 필요하다. 그러나 P 군의 말에는 강조하는 수식어가 대부분 들어 있다. '상당히' '엄청나게' '무지하게' '어마어마하게' '한평생 다 바쳐' 등은 상당히 큰 의미를 담고 있는 말이다.

면접관들은 우려했을 것이다. 기업에서는 기본적으로 있는 사실을 있는 그대로 표현하고 사실에 따라 일을 처리해야 한다. 현실과는 동떨어진 과대포장은 판단을 흐리게 해 위기를 자초할 수도 있다. 특히 P 군이 지원한 분야는 더욱더 사실을 기반으로 해야 하는 곳인데 말마다 과장하는 모습을 보고 믿음이 가지 않았을 것이다.

▍사례 2

다음은 은행의 창구업무에 지원한 여성 지원자가 한 말이다.

- 저는 리더십이 뛰어납니다.
- 활발하고 다양한 사람들을 만나는 것을 좋아합니다.
- 혁신적인 일을 좋아하고, 항상 변화를 추구하며, 정체된 것을 싫어합니다.
- 항상 새로운 사람들과 만나는 것을 좋아해서 다양한 커뮤니티 활동을 벌이고 있습니다.

물론 신입사원으로서 적극적이고 열정이 있어 보인다. 그런데 이 업무를 관리하는 팀장으로서도 반갑게 느껴질까?

상식적으로 생각해보자. 은행창구업무는 식사 시간 이외에는 잠시도 자리를 비울 수가 없다. 창구에는 끊임없이 고객들이 일을 처리하러 온다. 대기석이 비어 있을 때는 거의 없다. 고객을 오래 기다리게 하는 것은 고객에 대한 예의가 아니므로 신속하게 업무를 처리해야 한다. 실수해서도 안 된다. 그러면서도 미소를 잃어서는 안 된다. 반복적인 업무가 계속되어도 스트레스를 받아서는 안 된다. 아무리 몸이 피곤해도 티를 내서는 안 된다. 치밀함, 정확성, 집중력, 끈기, 인내심 등이 필요하다.

그러나 이 지원자는 활발하고, 리더십이 뛰어나고, 혁신적이고, 변화를 추구한다고 하였다. 과연 창구업무를 잘할 수 있을까? 한 자리에 오래 앉아서 차분하게 일을 할 수 있을까? 오히려 다른 업무에 더 잘 어울린다는 평가를 받지 않을까? 지점 관리자가 면접관으로 들어왔다면 당연히 걱정하지 않았을까?

| 사례 3

다음은 어느 기업의 개발팀에 지원한 지원자의 말이다.

"저는 방학 동안 귀사의 경쟁사에서 인턴으로 근무했던 적이 있습니다. 이곳에서 일하면서 이 회사와 관련된 많은 정보를 얻을 수 있었습니다. 필요하시다면 말씀드릴 수도 있습니다.”

　　면접관들은 경쟁사 정보를 얻을 절호의 기회라고 생각했을까? 경쟁사의 소중한 정보를 알려주는 이 지원자가 고마웠을까? 우리 회사를 위해 이토록 좋은 정보를 주다니 핵심인재로 성장하리라고 확신을 했을까? 정보를 제공해준 것에 대한 보답으로 합격을 시켜줄까?

　　기업은 고급 정보를 함부로 다루지 않는다. 정보는 곧 자산이기 때문에 심혈을 기울여 관리한다. 인턴이 알 수 있을 정도로 허술하게 정보를 관리하는 일은 절대로 없다. 인턴이 알 수 있는 정보 정도라면 경쟁사에서도 다 알고 있을 것이다. 아니 그 정도는 정보로서 가치도 없다. 알아봤자 별로 도움도 안 될 것이다.

　　그 정보가 도움이 되든 안 되든, 인턴으로 일하면서 알게 된 사실을 다른 기업에 그것도 경쟁사에 알려준다고 하는 것은 이 지원자가 도덕적으로 문제가 있다는 것을 스스로 밝히는 것이다. 어쩌면 입사한 후 알게 된 고급정보를 다른 곳에 팔아넘길지도 모른다. 과연 어떤 면접관이 이러한 사람에 대해 걱정하지 않을 수가 있을까?

| 사례 4

다음은 마케팅팀에 지원한 어떤 지원자가 간단히 자기소개한 내용이다.

"저는 대전에서 태어났고, ○○대학교에서 경영학을 전공한 후, 미국에서 MBA까지 마쳤습니다. 비록 사회 경험은 부족하지만 뽑아만 주신다면 항상 온 힘을 다하겠습니다."

현재 모든 기업은 기발하고 새로운 방식의 마케팅을 펼치기 위해 불철주야 노력하고 있다. 기발하고 새로운 방법을 찾기 위해서는 창의성이 필요하다. 그러나 자기소개를 하는 내용은 진부하기 짝이 없다. 전혀 창의적이지 않다. 또한, 창의적이려면 매사에 긍정적이어야 한다. 그런데 자신에 대해 부정적으로 표현하였다. 경험이 부족하단다. 이 자리에 면접관으로 참석한 마케팅팀장이라면 이 지원자에 대해 당연히 걱정할 것이다.

▌사례 5

다음은 한 여성 지원자가 "서울에 바퀴벌레가 모두 몇 마리이냐?"라는 질문에 답한 말이다.

"저는 바퀴벌레를 너무나 싫어해서 몇 마리인지 생각하기도 싫습니다. 죄송합니다."

기업은 충성심이 강한 사람을 원한다. 불합리한 지시가 아니라면 상사의 지시는 반드시 따르고 이행해야 한다. 면접관은 분명히 "몇 마리인지" 답을 하라고 했다. 그러나 이 지원자는 거절했다. 거절의 이유도 자기가 좋아하지 않는 질문이기 때문이란다.

이 사람은 조직생활을 잘할 수 있을까? 입사하면 상사의 지시에 순응할까? 기업이 요구하는 것이 무엇인지 정확히 알고 그에 대한 성과를 낼 수 있을까? 과연 어떤 사람이 이 지원자에 대해 우려를 하지 않을까?

면접관을 걱정시키면 어떤 일이 일어날까?

정답은? 당연히 '탈락'이다.

다른 지원자를
부정적으로 평가했다

·

·

·

여덟 명이 한 조가 되어 집단인성면접을 보게 된 한 지원자는 난처한 상황에 빠졌다. 면접관 중 한 명이 다음과 같은 질문을 던졌기 때문이다.

"지금 여기에 있는 여덟 명 중 세 명이 탈락하여야 한다면 누구, 누구, 누구가 탈락하여야 하고, 그 이유는 무엇인가?"

전혀 예상치도 못한 질문에 당황한 이 지원자는 머릿속이 혼란스러웠다. 짧은 시간이 수많은 생각이 오갔다.

'나를 포함해야 할까? 아니야. 그렇게 스스로에 대해 자신감이 없느냐는 지적을 받을지도 몰라. 차라리 대답하지 말까? 그럼 성의가 없다고 하는 건 아닐까? 정말 어렵다.' 그때였다.

"자자. 빨리 대답하세요. 그렇게 오랫동안 생각하고 계시면 안 돼요. 다른 사람들도 기다리는데."

"너무 어려워서 그러는데요. 혹시 대답을 안 하면 안 되겠습니까?"

순간 면접관이 피식 웃음을 보였다.

"대답을 안 하는 것이 어땠어요? 취직하고 싶지 않아요? 나중에 상사가 물어보면 대답하기 쉬운 건만 대답하고, 하기 싫거나 어려운 건 거부할 건가요?"

"아, 아닙니다. 절대 그렇지 않습니다."

"그럼 답변하세요."

이왕 이렇게 된 거 어쩔 수 없다. 침을 꿀꺽 삼키고는 답변을 시작했다.

"알겠습니다. 답변하겠습니다. 저희 조에서는 1번, 2번, 8번이 탈락해야 한다고 생각합니다."

"그래요? 그 이유가 뭐죠?"

"네, 1번은 답변하실 때 너무 긴장해서 그런지 앞뒤가 안 맞는 것 같았습니다. 2번은 아까 면접관님으로부터 학점과 영어점수가 너무 낮다고 지적을 받았는데, 그 정도의 스펙으로는 합격할 자격이 없다고 생각합니다. 8번은 외모가 좀 강한 느낌이 들어서 고객들이 싫어할 것 같습니다."

면접관은 8번 지원자에게 똑같은 질문을 던졌다. 8번 지원자는 다음과 같이 답변하였다.

"네, 이런 자리에 함께하는 것도 인연이고 모두가 하나같이 훌륭한 분들이라고 생각이 되어 이왕이면 다 같이 합격하였으면 좋겠지만, 면접관님께서 굳이 세 명을 고르라고 하셨으므로 안타까운 마음으로 답변을 드리겠습니다. 저는 3번, 5번, 7번이 탈락할 것으로 생각합니다. 이 세 분 모두 훌륭한 스펙을 지니고 있고 지금까지 참으로 열심히 살아와서 이번에 탈락해도 다른 곳에서는 합격할 수 있을 것이라는 생각이 들었습니다. 또한, 이 세 분은 공통으로 자신의 장점에 대해 차분함이라고 답변을 했는데, 이 장점은 귀사보다는 다른 회사에 더 적합하다고 생각합니다. 귀사는 업계 3위의 기업으로서 현재 변화와 혁신을 통해 새로운 시장을 개척하고 있고, 3년 이내에 업계 1위를 탈환한다는 목표가 있는 것으로 압니다. 이를 달성하기 위해서는 차분함보다는 추진력, 도전정신, 적극성 등의 장점이 있는 사람들이 필요하지 않을까 합니다. 제가 선택한 이 세 분은 현재 1위 기업이나 공기업 등에서 더 빛을 발하지 않을까 하는 생각에서 그러한 답변을 드렸습니다. 이 세 분께 너무나도 죄송한 마음입니다. 이상입니다."

단 한 가지 질문이라도 답변 내용을 보면 그 사람에 대해 많은 면을 파악할 수 있다. 위의 질문을 통해서도 여러 가지가 파악될 수 있다. 특히 조직에서 다른 사람들과 잘 지내려면 서로 위하고 배려하는 마음이 필요한데, 이러한 측면에서 봤을 때 두 지원자 중 누가 더 좋은 평가를 받을까?

첫 번째 지원자는 부정적인 이유를 내세웠다.

그것도 한 명씩 지적하며 다 다르게 표현하였다. 이 말을 들은 지원자들은 마음이 어땠을까?

그러나 두 번째 지원자는 긍정적인 이유를 내세웠다.

안타깝다는 표현을 하여 자신의 마음을 전달하고자 노력하였고, 지적을 당했을 사람들에 대해 사과도 하였다. 지적을 당한 사람들의 기를 죽이지도 않았다. 특히 회사의 특성을 내세워 회사에 대한 구체적인 관심까지 표현하였다. 어려운 질문에 대해 현명하게 잘 대처하였다고 볼 수 있다.

여기서 중요한 점은 위와 같은 질문을 주고 질문을 받은 지원자가 탈락해야 할 사람으로 당신을 지목했다고 가정해보자. 탈락 이유도 매우 부정적이다. 이럴 때 당신은 어떻게 할 것인가?

이러한 유형의 질문을 통해 지원자들끼리 서로 압박해보도록 하고, 당사자의 반응을 살펴보기도 한다. 전혀 예상치 못한 상황에서의 위기관리능력이 평가되는 것이다. 따라서 당신이 탈락자로 지적되고, 그 이유가 부정적이라고 하더라도 표정에 당혹스러움을 보이거나, 언짢은 표정을 짓지 말고, 의연하게 대처해야 할 것이다. 자신에 대해 말을 하는 지원자를 진지하게 쳐다보면서 '나에게 이런 부정적인 측면이 있었구나. 생각지 못했다. 조심하고 보완하겠다'는 의미로 진지하게 고개를 끄떡여주는 건 어떨까?

면접 전
컨디션 관리를 하지 않았다

태어나서 처음으로 면접을 치르게 된 O 군. 그동안 여러 차례 지원서를 제출하였지만, 서류전형에서 탈락하는 아픔을 맛보고 있다가 드디어 면접을 보러 오라는 연락을 받았다. 면접은 바로 내일! 면접을 본다는 기쁨도 잠시. O 군은 온종일 긴장이 되어 아무것도 할 수가 없었다. 학교에서 취업캠프에 한 번 참석해서 모의면접을 경험해보기도 하였지만, 그때 무슨 지적을 받았는지 아무런 기억이 나지 않는다. 인터넷 검색어에 '면접'이라는 단어를 입력하고, 여기저기 기웃거리는데 하나도 눈에 들어오지 않는다. 면접 지침서를 사 놓은 것이 있어서 책장을 넘기는데, 책은 또 왜 이리 두꺼운 것일까? 알아야 할 것들이 왜 이리 많은 것일까?

시계를 보니 벌써 12시. 점심도 뜨는 둥, 마는 둥. 그때 친구한테 전화가 왔다.

"뭐하냐? PC방에서 스타 한 판 안 할래? 그거 끝나고 시원하게 생맥주 한잔하자."

"안돼. 나 내일 면접이야."

"정말? 와, 축하한다. 당장 나와. 내가 기를 팍팍 넣어줄게."

"아니야. 지금 심장이 하도 벌렁거려서 아무것도 못하겠다. 그냥 집에 있을래."

친구와 통화를 마치고 또다시 우왕좌왕 모드 돌입. 인터넷을 보다가 책을 보다가, 면접을 보았던 친구한테 전화를 걸어 무슨 질문이 나오느냐, 어떻게 답변을 했느냐 물어보기도 하다가, 저녁도 먹는 둥 마는 둥 하고, 면접에 입고 갈 양복바지를 다리기 위해 세탁소에 갔다가, 집에 돌아와서 누나들 앞에서 양복을 입어서 평가도 받던 와중에 저녁 9시가 다 되어 친구가 지원한 기업에 대해 잘 아느냐는 말을 듣고, 인터넷에서 회사 홈페이지도 들어가 보고, 최근 기사들도 살펴보니 시간은 어느새 11시가 넘어가고 있었다. 잠을 잘 자야 한다는 부모님 말씀을 듣고 침대에 누웠지만, 긴장과 초조함이 밀려와 잠이 오질 않는다. 다음 날 아침 부스스한 얼굴로 일어나 아침도 먹는 둥 마는 둥 하고 집을 나섰다.

위의 사례는 O 군에게만 해당하는 예외적이고 특별한 것이 아니다. 면접을 처음 보게 되는 사람들이 공통으로 겪는 경험이다. 긴장되어 아무것도 손에 안 잡히고, 식욕도 떨어지고, 우왕좌왕하게 되고, 잠도 제대로 못 자게 되는 것은 자연스러운 일이다. 수차례의 탈락을 경험하고, 자신이 정말로 들어가기 원하는 기업에서 면접을 보러 오라고 할 때 긴장감은 몇 배 더 높아진다.

전날 밥도 제대로 못 먹고, 잠도 제대로 못 잔 상태에서 면접을 치른 O 군의 결과는 어땠을까? 당연히 불합격이었다. 면접 전날 컨디션 관리를 제대로 하지 않았기 때문이다.

O군은 면접 전날과 당일 이랬어야 한다.

오전 10시 전화 한 통을 받았다. 기다리고 기다리던 전화였다. 내일 오전 9시까지 본사로 면접을 보러 오라고 했다. 매우 기뻐 폴짝폴짝 뛰었다. 생애 처음 잡은 면접의 기회였기 때문이었다. 그러나 기쁨도 잠시. 긴장감에 심장이 뛰기 시작하였다.

'좋은 결과를 얻어야 할 텐데. 처음이라 너무 긴장된다. 절대로 실수를 해서는 안 된다. 온 힘을 다해서 반드시 합격해야 한다. 잘할 수 있을 거야. 아자!!!'

O 군은 지난번 취업 캠프에서 받은 자료를 펼쳐 본다. 커다랗게 써진 자신의 글씨들이 보인다. 빨간색으로 별들도 잔뜩 있다.

첫 번째 문장은 '지원 기업에 대해 철저하게 공부하라'는 것이었다. 이번에 자기소개서를 쓰면서 기업에 대해 스크랩해놓은 자료를 다시 한 번 살펴본다. 그동안 새로운 기사가 올라온 것이 있는지 확인하기 위해 인터넷으로 검색해본다. 두 가지 새로운 소식이 있어서 노트에 꼼꼼히 기록해놓는다. 답변하기 좋게 문장으로 정리하여 눈에 넣어 둔다.

두 번째 문장은 '모의면접을 해보고 비디오로 촬영한 뒤, 촬영된 내용을 보고 보완하라'이다. 친구들에게 도움을 청하기로 한다. 친한 친구들에게 전화한다. 집 근처에서 만나 점심을 사면서 친구들에게 부탁한다. 친구들은 흔쾌히 부탁을 들어준다. 오히려 자신들에게 더 도움이 될 것이라면서 고마워한다. 친구들과 대화를 하면서 점심을 먹으니 긴장도 풀리고, 여러 가지 정보까지 얻으니 금상첨화다.

집으로 들어와 친구들과 모의면접을 진행한다. 면접 복장을 입고 입장하는 것에서부터 퇴장하는 것까지 다 해본다. 촬영된 내용을 보면서 서로 평가를 해본다. 보완할 것으로 지적된 내용을 토대로 다시 한 번 연습한다. 자신감이 붙는다. 오후 3시가 되었다.

세 번째 문장은 '지원 기업에 반드시 가볼 것'이다. 아침에는 출근 시간과 겹쳐서 택시나 버스를 타고 가면 늦을 수도 있으니 될 수 있으면 전철을 이용하고, 여유 있게 시간을 잡으라는 강사의 말이 생각난다. 친구들과 저녁때 만날 약속을 하고, 혼자서 전철역으로 향한다. 가는 동안 자신에 대해 되돌아본다. 유익한 시간이다. 집에서 나와서 전철을 타고 면접 장소에 도착할 시간을 확인한다. 집에서 7시

30분에 나오면 충분하다.

네 번째 문장은 '신이 나게 놀아라'이다. 도와준 친구들과 보답의 의미로 집 근처에서 다시 만나 저녁을 산다. 유쾌하게 저녁을 먹고 친구들과 노래방에 간다. 경쾌한 노래를 부르며 논다.

집에 돌아오니 밤 9시. 샤워하고 가족들과 대화를 나눈 후 잠자리에 든 시간은 밤 10시. 신이 나게 놀아서 그런지 잠이 잘 온다.

다음 날 아침 5시에 눈이 저절로 뜨인다. 심리적으로 안정된다면서 친구가 주고 간 CD를 튼다. 모차르트의 〈피아노 협주곡 21번 2악장〉, 헨델의 〈사라방드〉, 바흐의 〈G 선상의 아리아〉, 슈베르트의 〈숭어〉, 베토벤의 〈비창〉과 〈월광〉 등을 듣는다. 아름다운 선율에 마음이 평온해진다. 음악을 다 듣고는 오랜만에 약수터에 가기로 한다. 여유 있게 걸으면서 예상 질문들과 답변 내용을 정리한다. 약수를 뜨고 내려오는 길은 발걸음이 가볍다. 아침밥이 맛있다. 즐거운 마음으로 7시 30분에 집을 나선다.

여러 번 면접에 탈락한 후, 다음 면접에서 위와 같이 컨디션 조절을 한 결과 O 군은 합격하였다.

면접 전날을 어떻게 보내느냐에 따라 결과가 완벽히 달라진다. 긴장된다고 우왕좌왕하거나 집 안에 혼자서 틀어박혀 있지 말고, 친구들과 맛있는 것도 사 먹고, 노래방에 가서 신이 나게 놀면서 재미있게 보내라. 그래야만 긍정적인 에너지가 나온다. 면접장 안으로 걸어

들어가는 걸음걸이가 달라진다. 실수해도 당황하지 않고, 당당하게 새로운 기회를 요구할 수 있는 용기도 생긴다.

면접 당일에는 아침에 일찍 일어나서 산책하면서 마음을 정리하고, 맛있게 밥을 먹도록 해야 한다. 든든하게 먹은 밥은 두뇌회전에 도움이 되고 활력을 주어 합격의 일등 공신이 될 것이다.

떨림증의
노예가 되었다

•

•

•

작년 봄 C 대학교의 취업캠프에서 있었던 일이다. 1:1 모의면접 순서에서 맨 첫 번째로 들어온 한 여학생은 얼굴이 붉어지고 사시나무 떨 듯 떨고 있었다.

"아니, 왜 이렇게 떨어요?"
"네, 너무 긴장돼서요."
"모의면접인데도 긴장이 돼요?"
"네. 제가 좀 그래요."
"그럼 실제 면접에서는 더 떨겠네요?"

필자의 이 말에 이 여학생의 눈에는 눈물이 글썽거리기 시작했다.

"제가 너무 떨어요. 떨지만 않아도 면접을 잘 볼 수 있을 것 같은 데. 자꾸 떨다가 대답도 못하고 나와요. 어떻게 해요?"

이 여학생도 면접에서만 벌써 다섯 번이나 떨어졌다고 한다. 아무리 심호흡을 하고, 마인드 컨트롤을 해도 막상 면접장에 들어가면 온몸이 사시나무처럼 떨리고, 머릿속이 하얗게 변하면서 아무런 생각도 나지 않는다고 한다. 질문도 잘 알아듣지 못하는 때도 있었고, 실수가 계속되다 보면 나중에는 자포자기의 심정이 된다고 한다.

이 여학생처럼 떠는 것 자체에 두려움을 갖는 사람들이 있을 것이다. 이러한 증상이 심해지면 면접 공포증까지 생기게 된다. 면접 공포증이 생기면 질문에 대한 답변을 준비해야 하는 시간조차도 '떨면 어떻게 하지?' '떨다가 또 실수하면 어떻게 하지?' '왜 이리 떨리는 거야. 떠는 모습이 면접관의 눈에는 흉하게 보일 거야' 등과 같은 생각들이 머릿속에 가득 차게 된다. 당연히 좋은 답변을 할 수가 없다.

떨림증은 절대로 콤플렉스가 아니다. 왜냐하면 누구나 떨기 때문이다. 면접장에 들어가서 하나도 안 떠는 사람은 없다. 다만 개인에 따라 정도의 차이가 있을 뿐이다. 떨림증에 대한 공포가 있는 사람들의 공통적인 특징은 다른 사람들은 하나도 안 떠는 것으로 보이고, 자기만 떠는 것 같은 착각을 하는 경우가 많다.

또한, 면접관은 지원자가 긴장하고 떠는 것을 당연하다고 생각한다. 오히려 하나도 떨지 않는 것을 의아하게 생각한다. 다른 기업에 합격하기 위해 시험 삼아온 사람이 떨겠는가? 합격하고자 하는 열의가 큰 사람이 떨겠는가? 당연히 후자의 경우라는 것을 면접관들은 잘 알고 있다. 자신이 떠는 것에 대해 면접관이 부정적으로 생각한다거나, 떠는 것 때문에 점수가 깎일 것으로 생각하는 것은 모두 오해이다.

또한, 기업은 지원자가 떨지 않도록 배려를 한다는 것을 잊지 말아야 한다. 기업은 지원자가 면접장에서 최상의 컨디션을 유지하고 실력을 마음껏 발휘하기를 바란다. 지원자가 면접장에서 너무 긴장한 나머지 제 기량을 발휘하지 못하고, 그 결과 탈락을 하게 된다면 이는 전적으로 기업의 책임이며 손해이다. 그래서 기업들은 지원자들이 긴장하지 않게 하려고 온 정성을 쏟는다. 면접 대기실에 심리안정에 효과가 있는 음악을 틀어주기도 하고, 코미디 프로그램을 보여주기도 한다. 면접장에 들어가기 전에 진행자들이 편안한 대화를 유도하여 긴장을 풀어주기도 한다. 긴장해서 답변을 제대로 못 하는 지원자에게 추가 질문을 던져주기도 한다. 기업이 이 정도로 배려하는데 언제까지 떨림증만 걱정하고 있을 것인가?

필자도 강의 경력이 10년이나 되지만, 지금도 강의 시작 전에는 항상 긴장한다. 강의가 10분 정도 진행이 되었을 때야 비로소 마음이 편해진다. 다른 강사들 역시 같은 심정을 표현하는 것을 많이 들었다. 대신 그러한 긴장감은 강의를 잘하고자 하는 의욕을 불타오르게 하고, 집중력을 잃지 않게 하는 데 도움이 된다. 매너리즘에 빠지는 것도 막아준다.

면접에서도 마찬가지다. 전혀 떨지 않는 것은 오히려 면접에 도움이 되지 않는다. 적절한 긴장감은 집중력을 높이고, 온 힘을 다하도록 도움을 준다. 굳이 떨지 않으려고 노력할 필요는 없다.

중요한 것은 떨림증을 잘 관리하는 것이다. 긴장하지 않는 것이 아니라, 긴장을 얼마나 잘 관리하는 것이 관건이다. 떨리는 상황에서도 자신을 잘 컨트롤하여 면접관이 던지는 질문에 자신이 의도한 대로 답변을 할 수 있다.

떨림증을 잘 관리하려면 사전에 충분한 연습 말고는 없다. 세계대회나 올림픽에서 금메달을 딴 피겨여왕 김연아 선수가 강심장이라는 것은 의문의 여지가 없을 것이다. 그러나 이번 평창올림픽 유치를 위한 프레젠테이션 준비과정에서 김연아 선수도 긴장했다고 한다. 이를 극복하기 위해서 사전에 셀 수 없을 만큼의 연습을 했다고 하지 않았던가? 결국 실제 프레젠테이션에서 김연아 선수는 단 한 번의 실수도 없이 멋지게 프레젠테이션을 해서 전세계인들로부터 최고의 발표였다는 찬사를 들을 수 있었다. 연습만이 살 길이다.

앞부분에 모의면접을 하는 요령과 체크 리스트를 알려준 바 있다. 반드시 비디오로 찍어야 한다는 것은 아무리 강조해도 지나침이 없다. 카메라를 앞에 두고 모의면접을 하면 긴장감을 한층 더 높일 수 있다. 비디오로 촬영된 자신의 모습을 보는 것, 긴장해서 실수하고 어색한 말투와 표정을 하는 자신을 보는 것은 '끔찍한 일'이 될 수도 있다. 촬영된 내용을 끝까지 보지 못하는 사람들도 많다. 아예 보지 못하는 사람들도 있다.

촬영하고, 그것을 볼지 안 볼지는 당사자에게 달린 일이다. 다만 본인이 보기에도 끔찍한 모습을 실제 면접장에서 면접관에게 그대로 보여줄 것인지는 알아서 판단할 일이다. 보고 싶지 않은 자신의 모습을 용기를 내서 보고, 보완하고, 다시 찍고, 다시 용기를 내서 보고, 보완하고, 다시 찍는 일을 반복하는 노력을 기울인다면, 면접장에서 신기하게도 긴장을 잘 관리하는 자신을 발견할 수 있을 것이다.

무엇보다도 중요한 것은 기업에 입사하고자 하는 큰 열망을 갖는 일이다. 수많은 지원자 앞에서 '나만큼 이 회사에 들어가고 싶은 마음이 강한 사람 있으면 나와 보라'라고 당당히 외칠 수 있을 정도의 의지가 있다면 아무런 두려움을 가질 필요가 없다. 지원한 기업에 대해 당당한 입사 명분이 없는 사람은 자신감이 떨어질 수밖에 없다. 자신감이 없으면 제대로 된 답변을 하지 못하게 되고, 면접관으로부터 압박을 당하고, 주눅이 드는 악순환의 고리에 빠지게 된다. 처음에 면접장에 들어갔을 때는 안 떨리다가 압박을 받고 당황하는 순간 갑자기 떨리기 시작하는 때도 잦다는 것을 명심하라.

압박을 **자초**했다

●

●

●

| 장면 1

- **면접관:** 본인의 장점을 말해보세요.
- **지원자:** 저의 장점은 최고의 대학에서 우수한 성적으로 마케팅을 전공했다는 것, 능통한 외국어 실력, 그리고 외국에서의 다양한 경험입니다. 학점이 4.5 만점에 4.3이고, 토익 성적은 950점입니다.
- **면접관:** 그게 다예요?
- **지원자:** 네?
- **면접관:** 그게 다냐고요.

- **지원자:** …….
- **면접관:** 방금 말씀하신 건 자기소개서에 있는 내용 토씨 하나도 안 틀리고 말씀하신 거 아세요? 학점하고 토익도 이미 다 알고 있는 거고.
- **지원자:** 아, 네. 죄송합니다.
- **면접관:** 취업하고 싶은 거 맞아요?
- **지원자:** 네. 취업하고 싶습니다.

이 지원자는 '성의 없음'이라는 이유로 탈락하였다. 성의 없이 지원서와 자기소개서 있는 내용을 그대로 얘기했다가 심한 압박을 당했고, 그다음부터는 당황함에 무슨 말을 했는지 정신이 하나도 없었다. 다음과 같이 자기소개서에 없는 내용을 중심으로 장점에 대한 근거까지 말을 했으면 어땠을까?

저의 장점 중 가장 내세우고 싶은 것은 도전정신입니다. 대학교에 입학하면서 졸업할 때까지 외국의 도시 서른 개 이상을 여행하겠다는 목표를 세웠습니다. 또 다른 목표는 여행 경비를 스스로 벌자는 것이었습니다. 부모님께서 충분히 지원해주실 능력이 되셨지만, 저 스스로 돈을 벌면서 저를 강하게 하고 싶은 마음이 컸습니다. 결국 지난 학기까지 서른 개 도시 여행이라는 목표를 완수하였습니다. 그렇다고 공부를 소홀히 한 것도 아니었습니다. 이러한 경험을 토대로 귀사의 국외영업팀에서 성장해나가고 싶습니다.

▍장면 2

- **면접관:** 대학에서 어떤 경험을 했나요?
- **지원자:** 저는 학과에서 학생회활동을 하였고, 다양한 아르바이트를 했으며, 동아리활동도 하였고, 2학년 때부터는 봉사활동도 하였고, 지난 학기에는 인턴을 경험하기도 했습니다.
- **면접관:** 그게 다에요?
- **지원자:** 네.
- **면접관:** 그래서요?
- **지원자:** 네?
- **면접관:** 그런 활동들을 했는데 그게 뭐가 어떻다는 거죠?

이 면접관은 작정하고 시비를 걸려고 했을까? 대학생활의 경험을 얘기하라고 해놓고, 경험들을 얘기했더니 "그래서?"라는 질문을 왜 했을까? 면접관은 대학에서의 생활을 통해 얻은 것이 무엇인지가 궁금했다. 그리고 입사하고자 하는 열의가 크다면 묻지 않아도 대답해주리라고 기대했다. 그런데 이 지원자는 있는 사실들을 단순히 나열만 하였다. 그 결과 압박면접이 시작되는 실마리를 제공했다.

다음과 같이 답변했다면 이런 일은 없었을 것이다.

저는 아르바이트, 봉사활동, 인턴 등 다양한 활동들을 하였습니다. 그중에서 가장 기억에 남는 것은 신문사 기자로 활동했던 것입니다. 신문사 기자생활은 다른 동아리활동과는 다릅니다. 신문이 제날짜에 나오는 것, 즉 독자들과 약속을 지키는 것이 중요하기 때문에 개인적인 생활은 꿈에도 꾸지 못할 때가 잦습니다. 학과공부와 병행을 하려면 밤을 새우는 것은 기본이었습니다. 그러나 신문에 대한 열정 때문에 피곤함을 느낀 적이 없었습니다. 나중에 저의 열정을 인정받아 편집장까지 맡게 되었습니다. 저는 신문사 생활을 통해 끈기, 추진력, 도전정신, 문제해결능력, 리더십 등 다양한 역량들을 얻을 수 있었습니다.

▎장면 3

- **면접관 :** 희망업무가 뭔가요?
- **지원자 :** 인사팀에서 일하고 싶습니다.
- **면접관 :** 인사팀에서 무슨 일을 하는지 알고 있어요?
- **지원자 :** 네, 잘 알고 있습니다. 인사는 사람, 일, 조직을 다루는 분야입니다. 한마디로 좋은 사람을 뽑아서 더 훌륭하게 훈련하고 키워서 회사를 위하여 열심히 일할 수 있는 환경을 만들어 줄 뿐 아니라 퇴사 후의 관리까지 담당합니다. 회사의 인적자원을 효율적으로 관리해서 회사의 경영목표에 이르

는 중요한 역할을 합니다. 주로 입사, 퇴사, 휴가, 근무태도, 4대보험, 승진, 승격, 이동 등의 인사발령업무, 직무에 대한 평가 툴을 만드는 인사고과, 임직원 포상, 징계, 경고 등의 상벌관리, 사규관리, 노무관리, 회사에 따라 교육, 복리후생 업무나 급여계산 지급업무를 맡는 때도 있습니다.

- **면접관**: 그거 혹시 책에 있는 내용 그대로 외워서 말씀하신 거 아니에요?
- **지원자**: 네?
- **면접관**: 앞 조에 들어왔던 지원자도 거의 비슷한 이야기를 하던데… 둘 다 똑같은 책을 봤나 보네요?
- **지원자**: …….

이 지원자는 면접이 끝나고 필자에게 실토했다. 필자의 책에 나온 내용 그대로 외워서 했는데, 면접관이 귀신같이 알아챘다고. 실제로 면접장에서 책에 있는 내용을 있는 그대로 외워서 답변하다가 지적을 당하는 일이 비일비재하다. 이는 성의와 창의성 부족이라는 부정적인 평가를 받을 수밖에 없다. 책에 있는 내용을 바탕으로 자신의 것으로 만들면 어떨까? 다음처럼 말이다.

제가 B 사의 인사팀에서 인턴을 하면서 인사평가를 담당하는 직원의 고민을 알게 되었습니다. 이 직원은 관리직들에 대해 더욱더 공정하고 객관적인 인사평가제도를 만들기 위해 항상 고민하고 연구를 했습니다. 타 회사 인사팀 직원들과 적극적으로 교류하며, 타사의 정보를 얻고, 의견을 나누는 모습을 보았습니다. 경영학을 전공하지 않았기 때문에 야간 대학원에서 '인사관리'를 전공하기 위해 공부를 하는 모습도 보았습니다. 이런 것이야말로 '장이'의 전형이라고 느꼈습니다. 저도 '인사장이'가 되고 싶습니다. 몇 년 후에는 제가 만든 인사평가제도가 타사들의 모범이 되도록 해보고 싶습니다. 저에게 '인사장이'가 될 기회를 꼭 주셨으면 합니다.

| 장면 4

- **면접관:** 왜 우리 회사에 지원했나요?
- **지원자:** 저는 어렸을 때 비행기를 처음 타보았습니다. 그때 본 승무원 언니들의 모습은 제 마음에 강하게 들어왔습니다. 세련된 유니폼과 온화한 미소로 고객들에게 서비스를 제공하는 승무원들을 보면서 저도 자연스럽게 승무원이 되어 있는 저를 상상하게 되었습니다. 이제 그 꿈을 이루고 싶어 지원했습니다.
- **면접관:** 저는 왜 우리 회사에 지원했느냐고 물어봤어요. 지금 말씀하신 것은 승무원이 되고 싶은 이유이고요.
- **지원자:** 아, 네… 죄송합니다. 다시 말씀드리겠습니다. 귀사는 초일

류 서비스로 국내에서뿐만 아니라 외국에서도 최고의 항공사로 인정받고 있습니다. 귀사에서 최고의 승무원이 되고 싶습니다.

- **면접관**: 누구나 하는 얘기를 하셨네요. 경쟁사에 가면 최고의 승무원이 못 되나요?
- **지원자**: 아… 네… 그건…….

이 지원자는 승무원이 되고 싶은 것이지, 어느 항공사에서 승무원이 되고 싶은지는 크게 상관이 없어 보인다. 그러니 승무원이 되고 싶은 이유만을 대다가 지적을 당하였고, 다시 말한 내용도 경쟁사에서도 충분히 통할 수 있는 이유만을 이야기할 수밖에 없었던 것이다. 승무원과 같은 직종은 대한항공과 아시아나항공 모두 지원하는 경우가 대부분이다. 두 군데 동시 합격하는 사람들도 많다. 이러면 더욱더 지원동기를 구체적으로 표현해주어야 한다. '승무원이 되고 싶은 꿈을 왜 하필 경쟁사가 아닌 우리 회사에서 이루려고 하는지'를 명확한 이유를 찾아내 보도록 하자.

자신의 주장이
없었다

·

·

·

다음은 어느 기업의 면접장에서 이루어진 내용 중 일부이다.

- **면접관**: 4대강 사업에 대해 어떻게 생각하시나요?

- **지원자**: 4대강 사업은 현 정부가 의욕을 가지고 추진하는 사업입니다. 일각에서는 대운하 사업을 추진하기 위한 사전작업이라고도 하고, 대운하와는 상관이 없다고도 합니다. 예전에 4대강 사업을 홍보하기 위해 극장에서 대한뉴스를 상영한 것에 대해서도 말이 많습니다. 이를 두고 정부에서 밀어붙이기식 사업을 진행하고 있다는 비판도 일고 있습니다.

- **면접관** : 잠시만요. 결론이 뭐예요?
- **지원자** : 아, 네… 그러니까…….
- **면접관** : 찬성이에요? 반대예요?
- **지원자** : 반대입니다.
- **면접관** : 우리 회사가 건설회사라는 거 알죠?
- **지원자** : 당연히 알죠.
- **면접관** : 그런데 반대해요? 건설경기가 위축된 상황에서 그나마 4대강 사업 때문에 건설회사들이 숨통을 트고 있는데… 이래도 반대하실 거예요?
- **지원자** : …….

지원자의 처음 답변을 보면 자신의 주장이 하나도 없다. 이러한 현상은 시사나 전공에 대한 부분 중 개인적인 견해를 물어볼 때 많이 발생한다. 특히 질문을 주자마자 바쁘게 답변을 시작할 때 더 자주 발생한다. 어떤 지원자는 질문이 다 끝나지도 않은 상태에서 답변하는 때도 있다.

면접장에 들어가면 엄청나게 긴장을 하게 된다. 사람이 극도로 긴장하게 되면 평상시의 자기 모습을 찾기가 어려워진다. 논리적이던 사람이 논리를 잃게 되어 안절부절못하고, 언제나 단순하게 자신의 주장을 펼치던 사람도 말이 길어지게 된다.

이럴수록 질문이 끝나고 몇 초 정도 답변을 어떻게 할지 구상을 해야 하는데, 그럴 틈도 없이 서둘러 답변을 시작하면 긴장한 상태에서 생각나는 대로 이것저것 얘기를 꺼내게 된다. 당연히 자신의 주장을 이야기할 기회를 찾을 수가 없다. 그나마 꺼내는 말마다 논리적으로 연관성이 없게 되고, 자신의 주장과는 아무런 상관없는 내용이 난무하게 된다. 어디서 끝내야 할지도 모르게 되고, 하나의 문장이 상당히 길어지면서 차라리 누군가 나서서 자신의 답변을 끝내주기를 바라는 상황까지 맞게 된다.

이 경우 듣는 사람은 상당히 답답하다. 중간에 말을 끊고 싶어진다. 결론을 말하라는 압박이 들어오는 건 너무나도 당연하다. 이 지원자의 답변은 논리성도 없어 보이고, 개인적인 주장이 하나도 없으니 주관이 뚜렷해 보이지도 않다. 게다가 상대방이 강하게 압박을 하자, 그나마 반대라고 내놓은 주장이 금세 흔들리게 되는 악순환 속으로 빠져들었다.

처음으로 돌아가서, 위 지원자는 질문이 끝났을 때 최소 3초 정도의 시간을 가졌어야 했다. 이 시간 동안 찬성인지 반대인지를 결정하고, 두 가지에서 세 가지 정도로 나누어서 근거를 설명할 수 있도록 기준을 잡았어야 한다. 예를 들면 다음과 같은 식이다.

반대이다. 두 가지 측면, 즉 환경적인 측면과 경제적인 측면으로 하자.

이래야만 스스로 정리가 된다. 틀을 잡아 놓은 상태에서 논리를 전개하다 거기에 맞는 내용이 떠오르게 된다.

답변할 때는 결론부터 얘기하는 것이 좋다. 앞에서도 설명했듯이 결론부터 얘기해야 듣는 사람에게 잘 전달되기 때문이다. 평상시에 시사적인 문제들 특히 오랫동안 논쟁이 되고 있는 넓은 범위의 주제들, 그리고 전공과 관련된 주제들 특히 지원 기업이나 업무와 관련이 있는 주제들에 대해서 관심을 기울이고, 사실 자체를 익히는 것뿐만 아니라 자신의 의견을 정리해보는 습관이 필요하다. 3초 이내에 틀을 만드는 훈련 역시 평상시에 되어 있어야 한다.

이러한 훈련은 토론면접에도 도움이 된다.

무조건
이기려 하였다 [토론면접 1]

-
-
-

K 군은 평소 선후배나 친구들로부터 '김논평'이라고 불린다. 시사 문제에 대해 박학다식하고 자신의 의견이 뚜렷하기 때문이다. K 군은 토론프로그램을 좋아한다. 이 중에서도 한 케이블 채널에서 방송되었던 '토론배틀'이라는 프로그램을 즐겨 보았다. 상대방을 강하게 압박하면서 토론에서 우위를 점하는 모습을 보면서 시원함을 느끼기도 하였다. 이 프로그램은 승리욕을 자극했다. K 군은 이 프로그램을 볼 때마다 '토론이란 바로 이런 것이야'라고 생각을 하곤 했다.

K 군은 기회를 맞았다. 지원한 회사에서 토론면접을 치르게 되었기 때문이다. 그 누구도 K 군이 탈락할 것으로 생각하지 않았다. 주

위의 관심사는 '1등을 하느냐 못하느냐?'였다. 설마 다른 학교에도 김논평 같은 사람이 있을 거라고 예상하는 이도 없었다.

그러나 결과는 탈락이었다. 당사자뿐만 아니라 K 군을 아는 모든 사람은 모두 충격을 받았다. 토론의 달인이 탈락하다니. 도대체 얼마나 뛰어난 사람들이 많기에.

결론부터 말하자면 K 군은 탈락할 수밖에 없었다. 해박한 지식과 풍부한 사례, 그리고 논리정연한 언변으로 다른 지원자들을 놀라게 한 K 군을 탈락시킨 것은 이 다섯 가지 문장이었다.

- 어떻게 그런 생각을 하실 수가 있죠?
- 그것은 아주 위험한 생각입니다.
- 어이가 없네요. 어불성설입니다.
- 조금 더 공부하셔야 하겠어요.
- 도저히 인정할 수가 없습니다.

토론은 한 편이 다른 편을 눌러서 승자와 패자를 결정하는 게임이 아니다. 승리욕 따위는 애초부터 끼어들어서는 안 된다. 의견이 다른 사람들이 만나서 함께 발전하는 계기를 만들자고 토론을 하는 것이지, 이기고 지는 승부를 내려고 하는 것이 아니기 때문이다. 자신의 논리를 펼치기 위해 적극적으로 나서는 것과 좋은 토론을 이끌어 내기 위해 치열하게 참여하는 모습은 무조건 상대방을 이기려는 승리

욕과는 전혀 다른 것이다.

어느 조직이든 다양한 성향과 배경을 가진 사람들이 모여 있게 마련이다. 공동의 목표를 설정하는데 다양한 의견들이 쏟아질 수밖에 없다. 이때 서로가 옳다고 자신의 목소리만 내려고 하면 작은 것 하나라도 이루어낼 수 있을까? 자신의 이익보다 조직의 이익을 위해서 때로는 양보할 줄도 알아야 하고, 의견이 다른 사람이 낸 의견이 더욱더 합리적이고 옳다면 자신의 의견을 철회할 줄도 알아야 한다.

기업에서는 더욱더 그렇다. 치열한 경쟁 속에서 내리는 결정 하나하나가 기업의 운명을 결정하게 된다면 수익을 극대화하는 방안을 내놓는데 온 힘을 다해야 한다. 그것도 혼자서 하는 것이 아니라 다양한 의견을 가진 다른 사람들과 함께 머리를 맞대야 한다. 의견이 다른 상대방이 더 좋은 의견을 낼 수 있도록 서로 도와야 한다. 상대방의 머리에서 더 좋은 아이디어가 나오면 칭찬해줄 줄도 알아야 한다. 이것이 바로 팀워크이고 배려심이다.

이러한 측면에서 K 군은 기업 내에서 다른 팀원들과 잘 지낼 수 있을까? 자신과 의견이 다르다고 위와 같은 말들을 쏟아 낸다면 그 누가 K 군과 토론을 하려고 할까? 이러한 말을 들은 상대방은 계속 토론할 맛이 날까? 아니면 의기소침해지거나 기분이 상하게 될까?

토론면접에서 K 군은 당연히 돋보였을 것이다. 해박한 지식으로? 아니다. 고집불통에다가 배려심이라고는 눈을 씻고 찾아봐도 없어서, 결국 조직생활을 잘할 수 없는 사람으로 돋보였을 것이다. 이런 사람은 당연히 탈락이다.

토론면접에서 돋보이고 싶다면 배려심과 팀워크로 돋보이도록 하라.

패널로서 발휘해야 하는 배려심은 팀 전체가 다 잘 될 수 있도록 온 힘을 다하는 것이다.

이를 위해서는 첫째, 사회자가 정한 원칙에 절대 충성해야 한다. 사회자가 지정해준 시간 내에서 발언할 수 있도록 해야 한다. 또한, 사회자가 정한 논점을 벗어나는 일이 없도록 한다.

둘째, 상대방이 알아듣기 쉽게 이야기해야 한다. 이미 앞에서 상대방에게 잘 전달하는 방법에 대해서는 충분히 설명하였다.

셋째, 발표하는 사람을 응원해 주어야 한다. 여기서 말하는 응원이란 발표자를 쳐다봐 주고 고개를 끄떡여주는 등의 반응을 해주는 것이다. 듣는 사람의 응원은 말하는 사람에게 힘을 실어준다. 발표가 끝나서 자신의 차례가 돌아왔을 때 "좋은 의견 감사합니다"와 같은 칭찬을 해주는 것도 좋은 응원이다.

넷째, 자신에게 발언의 기회가 많이 돌아왔다면 발언의 기회를 얻지 못한 사람에게 기회를 양보하는 것도 좋은 배려심이다. 어떠한 이유에서든 발언하지 못한 사람의 심정은 경험해보지 못한 사람은 알 수가 없다. 초조한 심정이 표정에 나타나게 되고, 이는 전체 분위기에 부정적인 영향을 줄 수도 있다.

그리고 자신의 발언이 끝났을 때 "이상입니다"와 같은 말을 해주는 것도 배려가 된다. 이 말을 듣고 상대방은 좀더 준비된 상태에서 발언할 수 있기 때문이다.

이상의 내용을 바탕으로 사전에 많은 연습을 하면 어떤 주제를 주더라도 좋은 평가를 받을 수 있을 것이다. 연습할 때에는 다음과 같은 사항들을 기준으로 평가를 해보도록 하고, 부족한 부분은 반드시 보완해야 한다.

- 주제를 정확하게 파악하고 있는가?
- 상대방의 의견을 경청하는가?
- 상대방의 의견을 들을 때 시선을 마주쳐 주고, 고개를 끄떡이는 등의 반응을 보였는가?
- 상대방의 의견에 대해 "좋은 의견 감사합니다"와 같은 칭찬을 해주었는가?
- 주장이 논리적인가?
- 자신의 주장에 대해 명쾌한 근거를 제시하였는가?
- 자신의 실수나 오류를 솔직하게 인정하였는가?
- 표정과 제스처가 자연스러운가?
- 상대방이 알아듣기 쉽게 말하기 위해 노력하였는가?
- 상대방의 반론에 불쾌한 표정을 보이지는 않았는가?
- 사회자가 정한 규칙을 잘 지켰는가?
- 끝까지 온 힘을 기울였는가?

• 발언이 끝났을 때 "이상입니다"와 같은 말을 하였는가?

의존적인 모습을
보여주었다 [토론면접 2]

한 유통업체의 토론면접 현장이다. 토론 주제는 '대형마트의 통 큰 치킨 허용되어야 하는가?'. 4:4로 찬반토론이 벌어졌다. 세 번째 조로 토론면접에 참가한 B 군은 반대관점에서 토론하게 되었다. 다음은 이 면접에서 B 군이 한 발언이다.

- 저는 원래 찬성견해이지만, 반대관점에 서게 되어 어쩔 수가 없이 제 의견과 다른 말씀을 드려야 할 것 같습니다.
- 신문기사나 뉴스를 보면 대형마트들의 통 큰 치킨 판매 탓에 동네의 영세한 치킨가게들이 막대한 손해를 입고 있다고 합니다.

정확한 수치는 기억이 남지 않지만 이런 사실들로 대형마트의 통 큰 치킨 판매는 매우 부정적인 결과를 낳고 있다고 볼 수 있습니다.

- 방금 찬성의 의견으로 말씀하신 내용은 타당하지 않다고 생각합니다. 지난주에 ○○일보에 실린 통계자료에 의하면 이에 반대하는 사람이 더 많은 것으로 나타났습니다. 따라서 의견이 타당하지 않음을 말씀드립니다.
- 통 큰 치킨이 판매되지 않은 상황은 실제로 발생하지 않은 것이기 때문에 아무런 판단을 할 수가 없습니다. 발생하지 않은 상황을 바탕으로 말씀하시는 것은 문제가 있다고 생각합니다.
- 찬성 측 말씀을 잘 들었습니다. 그러나 전개하신 논리에 문제가 있습니다. 대형마트에서 통 큰 치킨을 판매하지만 않는다면 서민들의 경제가 파괴되지 않으리라고 말씀하셨는데 어떻게 아나요? 대형마트에서 파는 다른 제품들, 즉 소형상점이나 재래시장에서 판매하는 동일 제품들의 사례를 보면 이와는 반대의 상황이 벌어지고 있다고 생각합니다. 따라서 찬성 측의 말씀은 말이 되지 않습니다.

B 군은 탈락하였다. B 군이 탈락한 이유를 생각해보자.

먼저 "자신은 찬성의 관점이지만 어쩔 수 없이 반대의 의견을 말할 수밖에 없다"라는 말은 할 필요가 없었다. 자신의 의견과 맞든 맞지 않든, 조직이 최종 결정을 줬으면 그 상황에서 온 힘을 다하는 것이 기업의 일원으로서 기본적인 의무이다. 이처럼 불평과도 같은 발언은 B 군에게 아무런 도움이 되지 않았다.

나머지 발언들을 살펴보도록 하자. 토론면접에 주어지는 시간은 20분에서 30분 정도이다. 한 사람에게 발언할 기회와 시간을 많이 주지 않는다. 한 사람당 두 번에서 세 번 정도 발언을 하면 토론이 끝나는 경우가 많다. 따라서 기회를 줬을 때 압축적이면서도 효과적으로 자신의 논리를 펼치기 위해 온 힘을 다해야 한다. 특히 그러한 기회들 속에서 반드시 자신의 주장이 들어가야 한다.

그런 면에서 B 군은 참으로 많은 발언을 한 셈이다. 그러나 발언을 한 양은 많았음에도 그 속에는 B 군의 주장이 하나도 들어가 있지 않다. 신문에 나온 기사나 통계자료를 바탕으로 몇 가지 사실들을 제시하는 것까지는 좋았지만, 이에 대한 B 군의 판단이나 주장을 제시하지 못하였다. 그저 공신력 있는 자료에 기대었을 뿐이다.

또한, 상대편의 발언에 대해 반박을 할 때에도 발언의 문제가 있다는 말만 되풀이할 뿐이지, 왜 문제라고 생각하는지에 대한 내용을 하나도 제시하지 못했다. 문제라고 생각하는 이유에 대한 근거도 없었다. 마지막 발언에서는 다른 제품들은 반대의 상황이라는 주장을 제시하긴 하였지만 구체적으로 어떤 상품이 그런지, 반대의 상황이라고 생각하는 근거는 무엇인지 아무런 근거가 없다.

결국 B 군은 기업의 일원으로서 기본이 되어 있지 않은 사람, 자신의 주장이 뚜렷하지 않은 사람, 주장에 대한 근거가 빈약한 사람, 논리성이 부족한 사람, 다른 사람의 문제점만 지적하는 사람, 매사에 부정적인 사람 등과 같은 평가를 받았을 수밖에 없다.

B 군은 이 주제에 대해 잘 몰랐을 수 있다. 알았다 하더라도 자신의 의견과 일치하는 내용에만 관심이 있었을 수가 있다. 이도 저도 아니라면 발언의 기회는 주어졌는데 특별히 할 말이 없어서, 반박 말고는 할 말이 없었을 수도 있다. 어쩌면 토론에서는 의견이 다른 사람을 무조건 반박하여야 한다고 생각했을 수도 있다.

이유가 어찌 됐든 기업에서 일하겠다는 사람으로서 경제주체들뿐만 아니라, 사회단체와 정당 등과 같은 집단들, 그리고 일반 국민까지도 필사적인 논쟁과 투쟁을 벌인 사안에 대해 모르고 있다는 것은 아주 큰 문제이다. 의견이 다른 사람을 무조건 이기려고 하는 자세도 조직생활과는 맞지 않는다. 모르는 것은 모르겠다고 솔직하게 시인하고, 상대방이 옳은 의견을 제시할 때는 박수를 줄 수 있어야 한다. 자신이 모르면 다른 사람에게 기회를 줄 수 있는 용기도 있어야 한다.

이와 같은 주제를 줬을 때 특히 자신의 의견과는 정반대의 견해에서 토론해야 할 때, 좋은 평가를 얻기 위해서는 평소에 같은 사안을 두고 논조가 다른 신문들을 함께 읽고, 자신의 생각을 정리하는 훈련이 필요하다. 또한, 모의토론면접을 할 때 이와 같은 형식의 토론 연습도 반드시 해보아야 한다.

탁구 경기 진행을 하였다 [토론면접 3]

-
-
-

한 번의 토론면접에서는 패널의 역할을 하였다가 탈락을 한 바 있는 S 군. 국내 중견기업에 지원하여 두 번째 토론면접의 기회를 맞게 되었다. 다른 기업들과 마찬가지로 주제를 주고, 찬반을 하는 방식이었다. 첫 번째 탈락 이후 친구들과 세 번의 모의토론 연습을 해보았기 때문에 처음처럼 당황스럽거나 긴장되지는 않았다. 문제는 다음이었다.

진행자는 사회자를 할 사람이 있느냐고 물었다. S 군은 사회자 역할을 한 번도 해본 적이 없었기 때문에 나서지 않았다. 누군가 자원할 것으로 생각했다. 그러나 아무도 선뜻 나서지 않았다.

"이런 아무도 없네요. 이렇게 자신들이 없어요? 하는 수 없죠. 제가 직접 선택하는 수밖에⋯⋯."

순간 S 군은 아차 싶었다. '사회자 역할도 해볼걸'이라는 후회와 함께 제발 자신만은 선택되지 않기를 간절히 바랐다. 그러나 진행자는 자신의 이름을 불렀다. 심장이 두근거리기 시작하였다. 인터넷에서 사회자의 역할을 보긴 했는데, 신경 안 쓰고 그냥 지나친 것이 후회되었다. 진행자가 말하였다.

"이번에는 사회자에게 모든 것을 맡기겠습니다. 30분 동안 제시된 주제를 가지고 알아서 토론을 운영해주시기 바랍니다."

S 군은 막막했다. 진행 방식에 대한 지침이 없어 알아서 진행하라니.

"자, 시작하겠습니다. S 군 진행해주세요."

토론이 진행되는 동안 S군의 발언들은 다음과 같았다.

• 안녕하세요. 오늘 토론의 사회를 맡은 ○○○이라고 합니다. 주어진 주제는 다 아실 것입니다. 토론을 시작하겠습니다. 우선 찬성 측 의견부터 말씀해 주시기 바랍니다.

• 다음은 반대 측 의견 들어보겠습니다.

• 네, 말씀 잘 들었습니다. 다음은 이에 대한 찬성 측 의견을 들어보겠습니다.

• 다음은 이에 대한 반대 의견 말씀해 주시기 바랍니다.

- 말씀이 좀 길어지셨는데, 시간제한이 있으니 되도록 길지 않게 말씀해 주시기 바랍니다.
- 찬성 측 더 말씀하실 분 안 계신가요? 안 계시면 반대 측에서 보충 설명해주세요.
- 시간이 얼마 남지 않은 관계로 마지막 기회를 드리겠습니다. 어느 쪽부터 말씀해 주시겠습니까? 네, 반대 측 말씀해주세요.
- 다음은 찬성 측에서 마지막으로 말씀해 주시기 바랍니다.
- 네, 수고하셨습니다. 이상으로 토론을 마칩니다. 감사합니다.

S 군은 토론이 끝났을 때 정신이 하나도 없었다. 패널들이 무슨 말을 했는지 자신이 무슨 말을 했는지 잘 기억이 나지 않았다. 긴장감이 극에 달했기 때문이다. 예상치 못하게 사회자를 맡아서 초반부터 크게 당황했던 것이 긴장의 원인이었다. 등이 땀으로 흠뻑 젖었다.

'패널을 했으면 정말 잘했을 텐데' 하는 마음에 아쉬움도 컸다. 친구들과 연습을 할 때 다루었던 주제였기 때문이다.

그러나 한편으로는 무난하고 평범하게 진행을 했다는 생각도 들었다. 토론이 별 탈 없이 무사히 진행되었기 때문에 이만하면 사회자로서의 역할을 충분히 했다고 판단했기 때문이다.

안타깝게도 S 군의 기대와는 달리 탈락하였다. S 군은 사회자로서 무엇이 문제였을까? 결론부터 말한다면 S 군은 사회자로서 패널들에 대한 배려심이 전혀 없었다. 앞서 토론에서는 팀워크와 배려심이 가장 중요하다고 설명한 바 있다. 이는 사회자에게도 적용된다. 사회자의 배려심이란 무엇일까?

토론을 앞두고 긴장감이 극대화된다. 사회자 역할을 맡게 되면 단순히 "토론을 시작하겠습니다"라는 말보다는 소중한 토론의 기회에 대해 감사의 표현을 하고, 토론 주제에 대해 간략한 설명이나 의미에 대한 언급을 차분하게 한다면 패널들의 긴장을 조금이라도 완화해 줄 수 있을 것이다. 이것이 사회자의 첫 번째 배려이다.

길지 않은 토론시간에 소수 사람이 발언시간의 상당 부분을 차지한다면, 그러지 못한 패널들은 초조함을 느낄 수도 있다. 이러한 상황을 방지하기 위해 명확한 토론 원칙, 특히 발언시간에 대해 철저한 규칙을 정해주는 것이 두 번째 배려이다. 누구라도 시간을 초과할 때는 과감하게 끊어주어야 한다.

혹시라도 앞에 발언한 내용을 이해하지 못한 패널들을 위해 앞사람의 발언 내용을 간단히 요약해주는 것은 세 번째 배려이다.

탁구 경기처럼 양측의 견해가 그저 왔다갔다하게 된다면 전체적인 토론 내용 평가에서 좋은 점수를 얻기 어렵다. 이러한 일이 발생하지 않도록 하려면 사회자가 토론의 쟁점을 정해서 토론이 집중적이고 한결같이 유지될 수 있도록 해야 한다. 네 번째 배려이다.

패널들 모두에게 기회가 골고루 돌아갈 수 있도록 해주어야 한다. 토론이 끝날 무렵 상대적으로 발언 기회가 부족했던 사람이 있을 것이다. 마무리 발언 등을 통해 이들에게 기회를 주는 것이 마지막 배려이다.

　여기까지의 설명을 듣고 판단을 해보자. S 군은 토론의 사회를 본 것인가? 아니면 탁구 경기 진행을 한 것인가?

청중의 관심을
얻지 못하였다 [프레젠테이션면접 1]

•

•

•

2009년 한 기업의 프레젠테이션 면접장. 프레젠테이션을 한 번도 해보지 않은 J 양은 긴장되었다. 인성면접은 통과하였지만 이번에는 자신이 없다. 기업은 주제를 줬다.

'신제품의 획기적인 마케팅 방안'.

인터넷을 사용할 수 없고, 오로지 파워포인트만을 가지고 발표자료를 만들어야 했다. J 양은 서둘러 자료 만들기에 들어갔다. 진땀을 흘리며 만든 자료는 다음과 같이 구성되어 있었다.

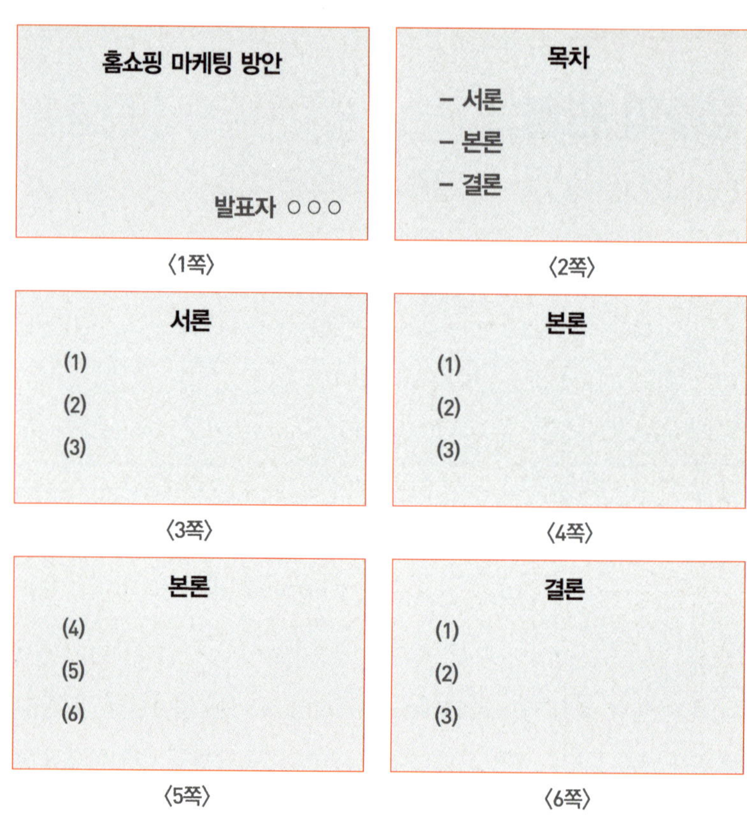

J 양은 합격하지 못했다. 그 이유는 무엇일까?

프레젠테이션은 발표자와 발표자료로 구성된다. 둘 다 중요하다. 그래도 더 중요한 요소를 고르라고 하면 당연히 발표자이다. 왜냐하면 발표자료가 없어도 프레젠테이션은 진행될 수 있지만, 발표자가 없으면 진행될 수 없기 때문이다.

이러한 측면에서 J 양의 발표자료를 보자. 그림에는 안 나와 있지만 (1) (2) (3) 등 번호 다음에는 모두 글자가 쓰어 있다. 1쪽당 평균 50글자이다. 이 정도면 굳이 발표자의 설명이 필요 없다. 발표자료만 봐도 무슨 내용인지 다 알게 되기 때문이다. 발표자는 청중의 모든 눈이 발표자에게 집중되도록 해야 하는데, 발표자료에 텍스트가 많아지면 그렇게 할 수가 없다. 왜냐하면 청중은 발표자가 무슨 말을 하든 자료에 쓰인 글들을 읽느라 정신이 없기 때문이다. 발표자가 필요 없는 프레젠테이션은 영점 짜리다.

1백 점짜리 프레젠테이션이 되려면 먼저 발표자료만 봐서는 도대체 무슨 의미인지 모르도록 해야 한다. 발표자가 설명해야만 이해가 되도록 만들어져야 한다. 자료에 청중의 호기심을 불러일으키는 내용이 들어가 있으면 금상첨화다. 이를 위해서는 텍스트보다는 도형이나 그림, 사진 같은 것들이 더 효과적이다. 그래야 청중들은 '저게 뭐지? 무슨 의미일까? 발표자의 말을 들어 보아야 하겠다'라는 생각을 하게 된다. 굳이 텍스트를 쓰려면 호기심을 불러일으킬 만한 짧은 표현이나 의문문 등을 사용하는 것이 좋다.

사진, 도형, 그림 등을 활용할 때에도 중요한 원칙이 있다. 그것은 규칙성, 질서, 일관성 등이 있어야 한다는 것이다. 이렇게 해야 발표자만의 특징을 갖게 된다. 발표자만의 특징이란 다음과 같은 평가를 받게 되는 것이다.

- A 씨는 무지개 색깔을 아주 잘 활용해.

- B 씨는 장마다 인상적인 사진이나 그림 한 장씩만을 집어넣어서 호기심을 잘 이끌어 내는 것으로 유명하지.
- C 씨는 모든 것을 간단한 도형만으로 표현하는데 탁월한 능력을 갖추고 있어.
- D 씨는 장마다 그래프가 하나씩 들어가 있어서 사람들이 사실을 한눈에 파악하도록 도움을 주지.
- E 씨는 장마다 한자로 된 고사성어나 연관되는 단어를 한 가지씩만 집어넣는 것으로 유명하지.

프레젠테이션면접 탈락 후, 전문가로부터 위와 같은 진단을 받은 J 양은 자신만의 색깔을 내는 프레젠테이션을 위한 훈련을 반복하였다.

2010년 상반기에 있었던 국내 한 홈쇼핑사의 최종 프레젠테이션 면접. 1명만을 뽑는 이 면접에서 최종 합격자는 J 양이었다. 매 장마다 다음과 같은 형식의 문장을 하나씩 집어넣어 일관성을 유지했고 청중들의 호기심을 불러일으켰다. KBS의 인기 TV 프로그램인 〈스펀지〉의 형식을 도입한 것이었다.

"○○쇼핑은 　　　　　　　　 이다"

직종에 맞는 발표를 하지 못하였다 [프레젠테이션면접 2]

2010년 3월, 국내 유통업체 중 한 곳에서 최종 합격자 한 명을 선발하기 위한 프레젠테이션면접이 진행되었다. 최종 면접에 오른 후보자들은 모두 일곱 명. 단 한 명만이 합격을 하기 때문에 긴장감의 강도는 말로 표현할 수 없을 만큼 높았다. 이들 중 면접관들을 가장 고민하게 하였던 두 명의 사례를 살펴보도록 하겠다.

A는 명문 사립대학 출신으로 학교 다닐 때 수업에서 발표할 기회를 많이 얻었고, 모의프레젠테이션면접을 통해 충분한 훈련을 하였다. 또한, 입사 선호도가 높은 대기업에서 치른 프레젠테이션면접에

서도 합격한 적이 있기 때문에 그 누구보다 자신감이 넘쳐 있었다. A
는 평소 갈고닦은 실력을 마음껏 발휘했다. 발표자료 구성에서도 다
른 지원자들에 비해 경쟁력을 가지고 있었다. 특히 이미 합격을 한
프레젠테이션면접에서와 마찬가지로 차분하고, 침착하게 발표를 하
였다.

B는 지방대학 출신으로 졸업하고 군 장교로 병역을 마쳐서 다른
경쟁자들보다 나이가 많았다. 군 생활을 하느라 취업캠프에 참여해
본 적도 없고, 취업을 위해 스터디를 해본 경험도 없었다. 전역을 앞
두고 몇 개월 전부터 몇 군데 지원을 했는데 결과는 좋지 않았다. 게
다가 프레젠테이션면접은 처음 치르는 것이라 걱정이 많았다. 일단
부하들 앞에 자주 섰던 경험과 상관들 앞에서 발표하였던 경험을 살
려 보기로 하였다.

발표를 위한 준비시간이 되었을 때 B는 난감했다. 제시된 주제는
평상시에 심각하게 고민해본 것이 아니었기 때문에 아무래도 자신
이 없었다. 발표자료를 구성하는 면에서도 남들이 하는 만큼은 하겠
지만 1등을 할 정도로 눈에 띄도록 돋보이게 하기에는 한계가 있다
고 판단을 하였다. 결국 B는 내세울 것이 군 장교로서의 리더십밖에
는 없다고 생각했다.

발표가 시작되어 자기소개와 인사를 할 때부터 목소리를 아주 우
렁차게 내기 시작하였다. 면접관 중 일부는 깜짝 놀라는 표정을 지을
정도로 목소리가 컸다. 순간 너무 큰 목소리 때문에 부정적인 평가를

받지 않을까 하는 생각이 들었지만, 리더십을 표현하는 효과적인 방법이라 생각해 그대로 밀고 나가기로 하였다. 자기소개가 끝나고 발표에 들어가기에 앞서 군에서 발표했을 때의 일화를 소개하며, 군 장교 출신임을 한 번 더 강조하기도 하였다. 우렁찬 목소리를 유지하느라 발표가 끝났을 때는 온몸이 녹초가 되었다.

A와 B 둘 중에서 합격자가 나왔다면 누가 그 영광을 누렸을까? 발표 내용과 자료구성 면에서는 A가 지원자 중에서 가장 높은 점수를 받았고 B는 중간이었다. 그러나 합격자는 B였다. 왜 그랬을까?

이날 최종 합격자를 뽑은 곳은 이 회사의 영업관리부문이었다. 이 회사는 공격적인 영업을 추진하는 중이었다. 이 회사는 내용적인 측면보다도 이 두 가지 사항을 모두 만족할 수 있는 리더십, 패기, 추진력 등에 더 중점을 두었을 것이다.

아마 영업관리분야가 아닌 기획과 같은 분야였다면 침착하고 차분한데다가 내용까지 좋은 A가 합격을 했을 것이다. 그러나 우렁찬 목소리로 리더십, 패기, 추진력 등을 보여준 B는 이 회사의 영업관리분야에서 더 선호하는 사람으로 평가를 받았을 것이다.

물론 면접관들은 A를 두고 정말 많은 고민을 했을 것이 뻔하다. A가 영업관리라는 직종의 특성에 맞게 발표를 해야 한다는 것을 이해했더라면 차분한 목소리보다 좀더 크고 우렁찬 소리를 냈을 것이고, 당연히 면접관들은 주저 없이 A를 선택했을 가능성이 컸을 것이다.

또 한 가지 사실은 프레젠테이션을 직업으로 삼는 사람들조차 세상을 깜짝 놀라게 할 만큼 획기적이거나 독창적인 내용을 만들기가 쉽지 않다. 수많은 시행착오를 거쳐 오랜 경험을 쌓아야만 '전문가답다'라는 평가를 받는 것이 프레젠테이션이다. 따라서 명문대학, 지방대학 출신 여부와 상관없이 이제 갓 학부과정을 마친 아마추어의 경우, 프레젠테이션면접에서는 사실 내용이나 발표자료를 갖고 우열을 가리기가 쉽지가 않다. 순위에 따른 점수 차이도 생각보다 크지 않다. A와 B도 마찬가지였을 것이다.

결국 차별화는 직종이나 기업의 특수성을 고려하여 목소리나 제스처 등과 같은 요소를 고려하여 프레젠테이션을 진행하는 능력에서 점수 차이를 벌릴 수밖에 없다.

아마추어의 냄새를 풍겼다 [프레젠테이션면접 3]

프레젠테이션면접에서 탈락하는 사람들의 공통적인 특징들이 있다. 바로 아마추어 냄새를 풍기는 것이다.

첫째, 발표자료가 텍스트들로 가득 차 있다. 굳이 발표자가 없어도 된다.

둘째, 처음 인사를 할 때 어디에 서 있어야 하는지 잘 알지 못하고 우왕좌왕한다. 맨 처음에 청중들의 관심을 끌려면 나는 어디에 서 있어야 하는가? 발표자료 바로 앞에 서 있어야 한다. 발표자료를 가려가면서까지 이래야 하는 이유는 오로지 나에게만 시선을 집중시키기 위해서이다. 이 상태에서 인사를 하고 자신의 소개를 해야 한다.

셋째, 자신의 소개가 끝나면 "프레젠테이션을 시작하겠습니다"라는 말과 함께 발표를 시작한다. 진행하면서 중간 중간 짧게라도 재치 있는 이야기나 이것이 어렵다면 자료를 만들면서 느꼈던 감정, 현재의 심정 등이라도 말을 해주는 것이 좋다. 여유도 느낄 수 있고, 청중들로 하여금 잠시 숨을 돌릴 수 있도록 해주는 배려도 된다. 인사가 끝나기가 무섭게 바로 발표로 들어간다면 이 얼마나 비인간적인가? 자신에 대해 관심을 둘 수 있는 여유도 주지 않고, 바로 발표를 시작하는 것은 청중의 기대를 완전히 무시하는 것이다. 유명한 프레젠터들이나 강사들이 강의를 시작하기에 앞서 어떤 말들을 하는 지 유심히 살펴보도록 한다. 단 발표시간을 많이 주지 않을 때를 대비해서 짧고 인상적인 멘트를 준비해보는 것도 좋다.

넷째, 발표가 시작되면 발표자료에서 비켜줌과 동시에 그 옆으로 다가가야 한다. 이때는 인사할 때의 위치에서 뒤로 가야 하는데, 이 과정에서 절대로 청중들에게 자신의 등을 보여서는 안 된다. 이것이 프로의 자세이다. 뒤를 돌아서 등을 보이며 이동하는 것은 아마추어들의 특징이다.

다섯째, 아마추어들은 청중보다 자료를 더 많이 쳐다본다. 발표자는 자료를 전혀 보지 않고 발표를 해야 한다. 그러나 아마추어들은 청중을 봤다가 자료를 봤다가 하는 과정을 계속 되풀이한다. 자료가 잘 생각이 나지 않아서이기도 하고, 긴장을 너무 많이 해서 자기도 모르게 무의식적으로 하는 행동일 수도 있고, 자신이 없어서 청중을 당당하게 바라보지 못해서 나오는 행동이기도 하다. 발표자의 시선은 항상 청중만을 향해 있다. 자료를 보게 되는 때는 지금 발표하는 부분을 짚어줄 때만이다. 즉, 청중이 이해하기 쉽게 현재 진행되는 부분을 알려줄 때만 자료를 본다. 이때도 절대로 등을 보이지 않도록 한다.

여섯째, 발표를 마칠 때의 자세이다. 발표하던 자리에 서서 "이제 발표를 마치겠습니다"라면서 서둘러 마치는 것은 아마추어이다. 프로가 되려면 마치는 순간에도 끝까지 전력을 기울인다. 준비한 자료에 따른 발표가 끝났을 때는 다시 무대 중앙에 선다. 그러고는 "발표를 끝까지 들어주어서 고맙다"는 감사의 표시를 하고, 질문이 있는지를 확인해야 한다. 질문이 있으면 자신에게 주어진 시간을 고려하여 질문자를 선택하고 답변을 해준다. 더는 질문이 없으면 정중한 인사와 함께 발표를 마치고 무대에서 내려오면 된다.

한 가지 더 중요한 사항이 있다. 아마추어들은 발표가 끝나면 꼭 하는 표현이 있다. 그것은 바로 "부족한 발표를 들어주서서 고맙습니다"이다.

이것은 왠지 자신감이 떨어져 보인다. 이와 같은 사소한 멘트 하나가 발표자에 대한 신뢰감을 떨어뜨린다. 발표 내내 쌓아왔던 긍정적인 평가를 한순간에 무너뜨릴 수도 있다. 발표자는 자신의 발표에 대해 당당해야 한다. 절대로 부족함이 있어서는 안 된다. 청중을 위해 온 정성을 쏟았다고 자부해야 한다.

프로 프레젠터의 전형은 뉴스에서 일기예보를 하는 기상캐스터이다. 짧은 시간에 많은 정보를 효과적으로 전달해준다. 이들은 뉴스 앵커처럼 앉아 있지 않고, 무대에 서서 이동을 하며 말을 한다. 처음 시작할 때, 본격적으로 예보할 때, 그리고 마칠 때마다 달라지는 이들의 인사, 멘트, 이동경로와 방식, 자세, 목소리 톤, 시선처리 등을 주의 깊게 살펴보면 큰 도움이 될 것이다. 기상캐스터 따라잡기를 하면 프레젠테이션면접에서 매우 좋은 점수를 얻을 수 있다.

프로 발표자가 되기 위해서는 반복적이고 철저한 훈련만이 살 길이다. 훈련을 진행할 때는 다음의 사항에 유의해야 한다. 반드시 비디오로 촬영하고, 부족한 점은 보완하도록 한다.

- 주제를 정확하게 파악하고 있는가?
- 표정과 제스처가 자연스러운가?
- 자신감이 있는가?
- 주장하는 내용에 대한 명확한 근거가 있는가?
- 말이 짧게 끝나는가?
- 끝까지 정성을 쏟는 모습을 보여 주었는가?
- 발표자료에 일관성이 있는가?
- 주장의 기승전결이 명확한가?
- 말 속도가 적절한가?
- 목소리 톤은 너무 낮지 않은가?

- 적절한 그림, 도표, 그래프 등이 사용되었는가?
- 논리전개가 전체적으로 체계를 잘 갖추고 있는가?
- 핵심주제어가 명확하게 표현되었는가?
- 주어진 시간을 잘 활용하였는가?
- 자료를 보지 않고도 진행할 수 있었는가?
- 실수한 이후에도 당당했는가?

그 누구도 알려주지 않았던

당신이 **취업**에 **실패**한 **33**가지 이유

펴낸날 | 2011년 10월 1일 · 초판 1쇄 발행

지은이 | 김세준
펴낸이 | 김은정 · 펴낸곳 | 나비의 활주로
편집책임 | 오승준
디자인 | **design Vita** 김지선, 이영해
주소 | 경기도 파주시 교하읍 문발리 출판문화정보산업단지 535-7 202호
전화 | 031-955-0357 · 팩스 | 031-955-0358
전자우편 | butterfly108@paran.com
출판등록 | 2010년 9월 16일(제2010-000138호)
ISBN 978-89-97234-01-1   13320